DE LA LANGUE

DE CORNEILLE.

Extrait du Rapport de M. VILLEMAIN, secrétaire perpétuel de l'Académie française, lu dans la séance du 25 août 1859.

« Aujourd'hui que la langue française, enrichie par trois grands siècles et portée bien au-delà de notre territoire, semble, comme les langues anciennes, avoir presque essayé toutes les formes de la pensée, l'étude de ses variétés n'est pas indifférente au maintien de son génie, comme à la gloire de la nation qui lui imprima tant de tons divers. C'est l'objet du lexique et du travail d'analyse que l'Académie avait demandés sur Corneille; et cette étude est, à quelques égards, si bien d'accord avec certaines curiosités du temps, que les concurrents sont arrivés en foule.

« Beaucoup de travail et de savoir a passé sous nos yeux, dans de longs manuscrits. L'Académie ne peut récompenser toutes les choses qu'elle estime; elle a dû choisir, en cherchant le savoir le mieux dirigé par la méthode et le mieux résumé dans des considérations générales énoncées avec justesse et précision. A ce titre elle désigne d'abord, pour la part principale du prix proposé, l'ouvrage inscrit sous le n° 4, et portant pour épigraphe : *Il est constant qu'il y a des préceptes puisqu'il y a un art.* Elle décerne à l'auteur, M. Marty-Laveaux, une médaille de 3,000 francs, réservant sur le reste du prix une médaille de 1,000 francs à un autre grand travail, le n° 7, inscrit sous cette épigraphe : *Multus labor, multa in labore methodus.* L'auteur est M. Frédéric Godefroy. D'autres essais offerts à ce concours méritent des éloges et donnent des espérances de talent, comme des gages d'érudition. L'Académie a surtout distingué le n° 1, savante étude d'un esprit pénétrant, M. Félix Cadet, professeur de logique au lycée d'Alger, et le n° 8, vaste étude d'un philologue qui promet un écrivain, M. Beslay, jeune érudit et en même temps avocat déjà distingué par l'estime des chefs de sa noble profession. »

Paris. — Imprimerie de Ad. Lainé et J. Havard, rue Jacob, 56.

DE LA LANGUE

DE CORNEILLE

PAR

CH. MARTY-LAVEAUX.

> Il est constant qu'il y a des préceptes puisqu'il y a un art, mais il n'est pas constant quels ils sont.
>
> (Corneille, *Discours de l'utilité et des parties du poëme dramatique.*)

(Extrait de la Bibliothèque de l'École des chartes, 5e série. t. II.)

PARIS

LIBRAIRIE DE L. HACHETTE ET Cie

RUE PIERRE-SARRAZIN, 14.

(Près de l'École de médecine.)

1861

DE

LA LANGUE DE CORNEILLE[1].

Les poëtes qui passent à la postérité n'y arrivent pas tout entiers; pour elle les essais, les intentions heureuses, ne sont rien: elle n'admet et ne consacre que des résultats.

A ses yeux, Corneille est le père de notre tragédie, celui qui le premier a substitué aux imitations froides et sans vie du théâtre de Sénèque, des chefs-d'œuvre d'action et de style, où les passions humaines se produisent avec leur véritable caractère, leur véritable langage, où le cœur parle et anime tout.

La critique littéraire voit dans Corneille plus encore; né avec le XVIIe siècle, il semble chargé seul de l'immense tâche de constituer toute la littérature de ce temps. Il écrit d'aimables comédies avant Molière ; dans ses *Examens*, réellement dignes de ce nom, il censure avec bonne foi et ingénuité ses propres ouvrages, ramène toujours aux principes supérieurs de la littérature et de l'art les questions de détails, et devient le législateur de nos écrivains dramatiques, après en avoir été le modèle. On trouve dans ses œuvres des poésies galantes, médiocres, c'est une nécessité du genre, mais moins mauvaises que celles de ses contemporains ; d'excellentes épîtres, telles que l'*Excuse à Ariste*, qui continuent Régnier en faisant pressentir Boileau ; des panégyriques du Roi, un peu vides, mais où éclatent de temps à autre une vigueur,

1. Cette étude précédait le *Lexique de Corneille* qui a obtenu le prix décerné en 1859 par l'Académie française. Ce lexique va être publié comme appendice d'une nouvelle édition des *Œuvres complètes de Corneille* dont M. Marty-Laveaux s'est chargé pour la librairie de MM. Hachette et comp. Le plan de cette publication ne permettant pas d'y faire entrer le morceau ci-dessus, nous avons cru devoir l'insérer dans notre recueil. L'édition de Corneille dont nous venons de parler fera partie d'une collection des classiques français à laquelle plusieurs de nos confrères prendront part. Elle commencera par un *Malherbe*, publié par M. Ludovic Lalanne, et renfermera un *Molière* dû aux soins de M. Guessard.

une mâle énergie, fort rares dans les compositions de ce genre ; enfin des poëmes sacrés, qui ne sont point, comme c'est assez l'habitude, le résultat d'une pénitence à la fois tardive et précipitée, mais le couronnement d'une vie pieuse, l'hymne suprême d'une âme que la grâce touche et qui n'est accessible ni à la crainte, ni au remords.

Chez certains écrivains, la variété des matières ne saurait empêcher la monotonie du style ; mais celui-ci possédait au plus haut degré l'art d'accommoder son langage à son sujet. Dans son *Discours du poëme dramatique*, il parle en ces termes de son éloignement pour les maximes générales : « J'aime mieux faire « dire à un Acteur : l'Amour vous donne beaucoup d'inquié- « tudes, que : l'Amour donne beaucoup d'inquiétudes aux es- « prits qu'il posséde. »

Il applique le même principe au détail du style, et à l'expression la plus étendue il préfère toujours le mot particulier, parfois même le terme technique. Il prend possession, au nom de la poésie, du domaine entier de la langue française ; ces richesses, que Ronsard et son école allaient recueillir péniblement dans le grec et dans le latin, il sait les trouver toutes dans notre idiome national ; il met à profit le trésor immense des vocabulaires spéciaux. Nul ne parle mieux de théologie, de chasse, d'art militaire, de broderie, de toutes choses ; les mots qui embarrassent notre prose viennent se placer naturellement dans ses vers ; parfois même, on doit l'avouer, cette facilité d'assimilation l'entraîne un peu plus loin qu'il ne faudrait ; s'il discute contre les disciples outrés et aveugles d'Aristote, il adopte avec eux les termes les plus barbares du langage de l'École, tels que *protase, agnition, catastase*, placés quelques années plus tard par Molière dans la bouche de M. Lysidas, et il ne sait pas non plus se garantir complétement contre les expressions des précieuses, qui se montrent, à de longs intervalles, mais d'une manière fort marquée, jusque dans ses tragédies.

De tout temps, du reste, les grands poëtes ont parlé en maîtres des sciences et des arts ; et il est arrivé à plus d'un savant, à plus d'un amateur laborieux, de recueillir dans leurs œuvres des témoignages et des exemples. C'est ainsi que M. Malgaigne a écrit *l'Anatomie et la physiologie d'Homère*, M. Menière, des *Études médicales sur quelques poëtes anciens et modernes*, M. Jal, le *Virgilius nauticus*, M. Castil-Blaze, *Molière musicien*.

Corneille prêterait plus que tout autre à ces ingénieuses recherches. S'agit-il de l'arrivée des Maures, dans le *Cid*? Il nous apprend qu'*ils ancrent*, tout comme l'eût fait un marinier de Rouen racontant un événement du même genre; ailleurs il se sert de l'expression *prendre port*, fort blâmée par Voltaire, qui objecte que ce n'est pas là un mot poétique. Est-il question d'art militaire? il parle d'*ordonner une armée*, de *quitter la campagne*, de *décamper*, et Voltaire lui reproche encore ces tournures, toujours par le même motif. Scudéry, au contraire, si vain de ses connaissances spéciales, se plaint de ce que Corneille n'a pas écrit dans un style assez rigoureusement technique, et ne lui pardonne pas d'avoir appliqué le mot *brigade* à une troupe de plus de cinq cents hommes; par bonheur, Turenne, moins difficile, entendant Sertorius parler de l'*assiette du camp*, et employer longtemps ce langage avec autant de noblesse que de précision, s'écriait tout étonné : « Où donc Corneille a-t-il appris « les termes de l'art de la guerre? »

Il les avait appris de diverses manières, par la lecture, par l'étude de l'histoire, mais principalement sans doute par la conversation; il suffisait, pour cela, de l'attention patiente du poëte. Ceux qui avaient été à la guerre, ceux surtout qui voulaient passer pour y avoir été, accumulaient à plaisir les mots techniques; nos plus anciens comiques ont signalé ce travers :

> Premierement estonné m'ont
> Avec leurs mots, comme *estocades*,
> *Capo de Dious, estaphilades*,
> Ou autres bravades de guerre.
>
> (Jodelle, *l'Eugène*, IV, 4.)

Le titre de *cavalier*, importé de l'Italie, excitait alors l'ambition de tous les jeunes gens, et il était devenu tellement à la mode du temps de Corneille, que notre poëte qui, d'abord, avait, avec raison, préféré dans le *Cid* l'emploi de *chevalier*, y avait ensuite substitué partout *cavalier*. Ce mot, du reste, comme il arrive à tous ceux qu'on prodigue trop, tombe au siècle suivant dans une incroyable défaveur. Jean-Jacques Rousseau, après avoir écrit dans la *Nouvelle Héloïse* : « N'aperçus-je pas les *cavaliers* se rassembler autour de ta chaise? » ajoute aussitôt en note : « *Cavaliers*, vieux mot qui ne se dit plus; on dit *hommes*. J'ai cru devoir aux provinciaux cette importante remarque, afin d'être au moins une fois utile au public. » On ne le rencontre plus aujourd'hui que sur les affiches et les billets de bals.

Non-seulement les jeunes cavaliers du XVIIe siècle employaient les termes militaires à chaque instant, mais ils s'appliquaient surtout à s'en faire honneur auprès des dames :

On s'introduit bien mieux à tître de vaillant;
Tout le secret ne gist qu'en un peu de grimace,
A mentir à propos, jurer de bonne grace,
Étaler force mots qu'elles n'entendent pas,
Faire sonner Lamboy, Jean de Vert et Galas,
Nommer quelques chasteaux, de qui les noms barbares,
Plus ils blessent l'oreille, et plus leur semblent rares;
Avoir toûjours en bouche *angles, lignes, fossez,*
Vedette, contr'escarpe, et *travaux avancez.*
(*Le Menteur,* I, 6.)

La Fontaine paraît s'être rappelé ce passage, lorsqu'il a dit, dans le récit des *Amours de Mars et de Vénus*, qui forme le neuvième fragment du *Songe de Vaux* :

En peu de temps Mars emporta la Dame.
Il la gagna peut-estre en luy contant sa flâme :
Peut-estre conta-t-il ses siéges, ses combats,
Parla de *contr'escarpe,* et cent autres merveilles
Que les femmes n'entendent pas,
Et dont pourtant les mots sont doux à leurs oreilles.

Souvent, comme nous l'apprend le commandeur introduit par Callières dans son livre *Des mots à la mode*, ces termes de guerre, employés figurément, faisaient le fond des déclarations des jeunes militaires d'alors : « Il y en a plusieurs qui, voulant exprimer leur attachement pour une dame ou quelques autres desseins particuliers, ne parlent que d'*attaquer la place* dans les formes, de *faire les approches*, de *ruiner les défenses*, de *prendre par capitulation,* ou d'*emporter d'assaut.* »

On pourrait même croire que ces termes formaient, dans certains cas, pour les amants une sorte de langage secret fort complet et fort suivi : car, dans la scène du *Menteur* citée plus haut, Dorante répond à Cliton, qui lui fait observer que son stratagème sera découvert, et qu'on s'apercevra bientôt que lui, écolier, a voulu s'introduire à titre de vaillant :

> J'auray déja gagné chez elle quelque accès,
> Et loin d'en redouter un malheureux succès,
> Si jamais un fascheux nous nuit par sa présence,
> Nous pourrons *sous ces mots estre d'intelligence.*

Si Corneille, dans sa réponse aux *Observations* de Scudéry, affirme avec une bonhomie maligne qu'il n'est pas *homme d'éclaircissement*, il n'en connaît pas moins bien le vocabulaire de l'escrime et les locutions introduites dans la langue par les duellistes ; c'est à ces origines qu'il faut rapporter les phrases suivantes : *sortir de garde, vider une affaire sur le pré, tomber d'accord sans se mettre en pourpoint*, et une foule d'autres du même genre.

Le moindre artisan aurait pu, à aussi juste titre que Turenne, s'étonner de l'exactitude technique de Corneille ; l'énumération suivante, par exemple, n'est-elle pas de nature à surprendre un charpentier ou un maçon?

> Ce fer a trop dequoy dompter leur violence.
> — Ouy, mais les feux qu'il jette en sortant de prison
> Auroient en un moment embrasé la maison,
> Devoré tout à l'heure ardoises et goutiéres,
> Faistés, lates, chévrons, montans, courbes, filiéres,
> Entretoises, sommiers, colomnes, soliveaux,
> Parnes, soles, appuis, jambages, traveteaux,
> Portes, grilles, verroux, serrures, tuilles, pierre,
> Plomb, fer, plastre, ciment, peinture, marbre, verre,
> Caves, puys, cours, perrons, salles, chambres, greniers,
> Offices, cabinets, terrasses, escaliers ;
> Juge un peu quel desordre aux yeux de ma charmeuse.
> (*L'Illusion*, III, 4.)

Ici Corneille pousse jusqu'à l'exagération et à la charge l'emploi du procédé que nous signalons, mais cela indique encore mieux à quel point il lui est familier ; du reste, dans ses comédies, non content de rechercher ainsi l'exactitude des moindres détails du langage, il apporte un égal soin à la fidélité de la mise en scène, et les amateurs du *réalisme* au théâtre seraient fondés à invoquer en leur faveur son imposante autorité.

« J'ay pris ce tître de la *Gallerie du Palais*, dit-il dans l'examen de cette pièce, parce que la promesse de ce Spectacle extraordinaire et agréable pour sa naïfveté, devoit exciter vray-semblablement la curiosité des Auditeurs, et ç'a été pour leur plaire plus d'une fois, que j'ay fait paroistre ce mesme Spectacle à la fin du quatrième Acte, où il est entiérement inutile. »

Dans cette pièce, Corneille s'attache à la reproduction la plus scrupuleuse des conversations entre les marchands et les acheteurs :

Voila du point d'Esprit, de Génes, et d'Espagne.
— Cecy n'est guére bon qu'à des gens de campagne.
— Voyez bien, s'il en est deux pareils dans Paris...
— Ne les vantez point tant, et dites-nous le prix.
— Quand vous aurez choisi. — Que t'en semble, Florice?
— Ceux-là sont assez beaux, mais de mauvais service;
En moins de trois savons on ne les connoit plus.
(I, 6.)

La scène continue, assez froidement il faut le dire, sur ce ton facile qui, malgré la simplicité du sujet, charmait alors les gens de goût, habitués jusque-là à n'entendre au théâtre qu'un dialogue entièrement dénué de naturel et d'aisance.

On trouve ailleurs, dans la même pièce, un long éloge des *toiles de soie,* alors fort en vogue. Corneille ne manque guère de faire allusion de la sorte aux modes et aux inventions nouvelles; c'est ainsi que, dans *le Menteur*, il s'égaye au sujet de la poudre de sympathie, qui devait être encore très-peu connue en France; en effet le chevalier Digby, qui l'y apporta le premier, exposa publiquement ses principes devant l'Académie de Montpellier, dans un discours non daté, mais dont le privilége est du 21 décembre 1651, et ce fut seulement alors qu'une vive polémique s'engagea sur ce point.

Lorsque la muse de Corneille aborde les sujets religieux, elle prononce sans hésiter, comme des paroles accoutumées, les mots étranges, mais profondément significatifs de cet immense vocabulaire que la théologie a mis tant de siècles à constituer. Malgré cette exactitude, qui semblait impossible à la poésie, et où elle trouve pourtant si bien son compte, Corneille regrette d'être obligé de renoncer à certaines expressions consacrées. Il s'en plaint en ces termes dans une des préfaces de l'*Imitation de Jésus-Christ* : « Il s'y rencontre des mots si farouches pour nos vers, que j'ay été contraint d'avoir souvent recours à d'autres, qui n'y répondent qu'imparfaitement. »

On est surpris qu'il ait pu encore en apprivoiser autant; il fait entrer dans ses vers *l'espèce du vin*, la *fraction du pain*, le *reniment de Saint-Pierre*, la *dilection*, *l'anéantissement* de l'âme en présence de Dieu, les *substractions de la grâce*, la *résignation de soi-même*, la *liquéfaction intérieure*, et une foule d'expressions semblables.

Ce style a ses prérogatives particulières; grâce à lui le poëte peut traiter avec une grande hardiesse les questions les plus délicates; il peut dire, en parlant de Dieu, et en s'adressant à la Vierge, dont il vante « l'adorable intégrité : »

> Il entre dans tes flancs, il en sort sans *brisure*,

Et personne n'a le droit d'être choqué de ce langage, chaste comme la science, austère comme la foi.

Notre poëte transporte souvent ces mêmes expressions dans ses tragédies chrétiennes ; Théodore, par exemple, n'hésite pas à dire :

> Je sçauray conserver, d'une ame résoluë,
> A l'époux sans *macule* une épouse *impolluë*.
>
> (III, 1.)

Et ces mots ont donné lieu à de bien injustes moqueries, sans doute parce qu'on ne s'est pas assez rendu compte du rapport intime qui existe entre le style et le sujet.

Cette prédilection de Corneille pour le langage particulier de chaque science, de chaque profession, devait le conduire à employer très-souvent dans un sens figuré les termes qu'elles fournissent.

La vénerie, dont notre poëte connaissait si bien le vocabulaire, comme il l'a prouvé en plus d'un endroit de *Clitandre*, a donné à notre langue, suivant les curieuses remarques d'Estienne et de Bouhours, un grand nombre d'expressions familières que Corneille n'a point négligées, telles que : *être aux abois*, *donner dans l'aile*, *piper*, *piperie*, et cent autres du même genre; il en est quelques-unes, comme *gens attitrés*, dont la provenance est moins évidente, et qui doivent cependant être rapportées à la même origine.

La fauconnerie fournit aussi un contingent considérable; nous citerons seulement : *Leurre*, *débonnaire*, *entregent*.

On comprend combien ces diverses habitudes de style, dont nous ne faisons que signaler ici quelques exemples, mais qui sont étudiées en grand détail dans le lexique, doivent influer sur le caractère général des écrits de notre auteur, et surtout quelle immense variété de ton elles doivent produire.

Si les observations que nous venons de faire n'ont pas été inutiles pour nous initier aux procédés ordinaires du style de notre poëte, et aux habitudes de son esprit, elles ne sont pas pour cela fort propres à inspirer l'intérêt. Quand on étudie Corneille, on se préoccupe assez peu de la *Galerie du Palais*, de l'*Illusion comique*, et même de l'*Imitation*; ce qu'on voudrait surprendre, c'est l'art qui a produit *le Cid*, *Horace*, *Cinna*, *Polyeucte*, et tant d'autres chefs-d'œuvre; mais le génie, comme la nature, ne livre pas ses secrets.

Une source coule abondante et limpide, au pied des rochers, sous le feuillage; ses vertus sont nombreuses et parfois presque opposées; elle rend la force, la santé à ceux qui viennent s'abreuver de son eau ou y plonger leurs membres endoloris; un chimiste survient, qui l'analyse avec la rigueur la plus scientifique : il en énumère les éléments, leur proportion et leur mélange, dit ce qu'elle contient au juste de soufre, de magnésie, de phosphate de chaux et d'acide carbonique, puis il en compose une toute semblable; la science n'y aperçoit aucune différence, les malades seuls ne s'y trompent point: l'onde si salutaire n'est plus qu'un remède d'une efficacité contestable. Que manque-t-il donc? ce que personne n'est capable de connaître, ce que les savants ne peuvent apprécier, quelque chose de divin et d'insaisissable, ce τι θεῖον qu'Hippocrate signale dans les maladies, et qui existe aussi dans les remèdes.

Voilà justement l'histoire des écrivains et de leurs commentateurs; dans un poëme hors ligne il y a toujours quelque chose qui échappe à l'analyse la plus patiente, et qui ne tient ni au choix des expressions, ni à la construction des phrases : c'est l'accent du cœur, le cri de l'âme même. Lorsqu'une grande passion possède un homme entièrement étranger à l'art de la parole, il trouve parfois de ces mots inattendus qui, dans toute une foule, viennent frapper chaque assistant, et changent les résolutions et les volontés. Les orateurs, les poëtes, quand ils sont agités de semblables mouvements, savent en diriger la force, en augmenter la portée; les expressions, qu'ils cherchent parfois, viennent alors d'elles-mêmes et se subordonnent à la pensée dominante; le langage s'élève au plus haut degré de généralité dont il soit susceptible ; la différence des styles, celle des temps même disparaît, et si plusieurs écrivains de date fort diverse rencontrent une idée sublime, ils parlent tous la même langue.

Comparer un instant Garnier à Corneille ou à Racine, quant à l'ensemble de ses œuvres, serait insensé; mais n'est-il pas fort remarquable qu'il se rapproche d'eux précisément dans les endroits où ils excellent, et qu'en certaines rencontres il ne se montre pas trop inférieur à leur génie, lui qui n'atteint nulle part à leur talent ?

On trouve dans ses tragédies des morceaux tout près d'être sublimes, auxquels il ne manque pour cela qu'une vivacité, une concision, que Corneille ou Racine ont su plus d'une fois leur donner.

Qui ne retrouverait dans ce dialogue la première idée du fameux *qu'il mourût* du vieil Horace :

> C'est vergongne à un Roy de survivre vaincu :
> Un bon cœur n'eust jamais son malheur survescu.
> — Et qu'eussiez-vous peu faire ? — Un acte magnanime,
> Qui malgré le destin m'eut acquis de l'estime.
> Je fusse mort en Roy, fièrement combatant,
> Maint barbare adversaire à mes pieds abatant.
>
> (*Les Juifves*, IV, 33.)

Voici une confession de foi vive et hardie :

> Le Dieu que nous servons est le seul Dieu du monde,
> Qui de rien a basti le Ciel, la terre et l'onde;
> C'est luy seul qui commande, à la guerre, aux assaux;
> Il n'y a Dieu que luy, tous les autres sont faux.
>
> (*Ibidem*, 85.)

Corneille a ainsi exprimé les premières idées contenues dans ce passage :

> Je n'adore qu'un Dieu maistre de l'Univers,
> Sous qui tremblent le Ciel, la Terre, et les Enfers.
>
> (*Polyeucte*, V, 3.)

Et quant au dernier trait, il se trouve reproduit d'une manière sublime dans ce vers d'*Athalie* (II, 7) :

> Lui seul est Dieu, Madame, et le vostre n'est rien.

Si le vieux poëte a été vaincu par ses successeurs, il faut reconnaître néanmoins qu'il a su exprimer de grandes idées, dans un style simple et tout moderne. Toutefois chez lui, de telles rencontres sont rares ; on trouve souvent dans ses pièces des pensées gracieuses, de fraîches peintures de la campagne, des paysages calmes et riants ; mais une expression vulgaire, une trivialité vient tout à coup détourner notre attention et troubler notre plaisir. Il manque complétement de cette élévation, de cette dignité soutenue, qui forme le fond du langage de la tragédie, et constitue ce que nous appelons en France *style noble.*

On ne saurait, du reste, lui en faire un crime ; de son temps ce style n'existait pas encore : c'est un produit des plus curieux de notre civilisation et de nos préjugés.

L'antiquité grecque n'a rien connu de semblable : la langue, possédant en elle-même ses radicaux, et se rattachant tout entière à une seule origine, était d'une fort grande unité, que les licences accordées à la poésie, et les variétés provenant des dialectes, ne pouvaient altérer en rien ; les citoyens, quelles que fussent leurs occupations, leur fortune, leur intelligence, employaient, avec plus ou moins d'élégance, les mêmes mots, les mêmes tournures de phrases, et, par un singulier privilége, cet admirable idiome subissait si peu l'influence du temps, que les écrivains d'Alexandrie auraient été encore compris, sinon approuvés, d'Homère.

Il n'en fut déjà plus ainsi du latin. Les habitants du Latium, de l'Étrurie, du pays Osque, parlaient divers langages qui devinrent, en se confondant, la langue du peuple romain. Quant à sa littérature, elle ne fut pas un fruit naturel et spontané du sol, mais le résultat d'une culture artificielle dirigée avec autant d'habileté que de bonheur.

La distinction entre les diverses classes, plus profonde qu'en Grèce, et surtout l'habitude de la vie des camps, favorisaient le développement parallèle de deux langages séparés : l'un simple et familier, l'autre littéraire et savant, que le peuple entendait, mais qu'à coup sûr il ne parlait pas.

Dire comment le latin rustique des légions a, par son mélange avec les idiomes indigènes, formé les langues néo-latines, et en particulier la nôtre, est une tâche immense que nous ne saurions entreprendre ici. Remarquons seulement l'espèce d'unité qui a présidé à la formation de ce langage nouveau, exclusivement composé d'éléments populaires, et dominé toujours par la langue latine, qui conservait son caractère officiel. Elle suffisait au besoin des affaires, aux communications des savants, à la liturgie et aux discours d'apparat; mais les genres les plus animés et les plus vivants lui échappaient peu à peu. Le théâtre, ou, si l'on veut, les tréteaux improvisés, sur lesquels on représentait les mystères, retentirent bien vite du français substitué au latin, et, malgré l'immense différence des rangs et des positions sociales, les spectateurs, rapprochés par une commune ignorance, ne pouvaient s'empêcher de reconnaître une même langue comme interprète de leurs pensées et de leurs sentiments.

Au XVIe siècle tout change; la splendeur des littératures anciennes, subitement révélées, éblouit et charme les esprits; mais, au lieu d'imiter avec discrétion et mesure, on essaye follement de s'emparer des phrases, des tournures, des mots; les expressions grecques et latines introduites seulement avant cette époque pour le besoin des sciences et par l'intermédiaire des traducteurs, sont alors prodiguées par les poëtes; le français se partage en deux langues parfaitement tranchées : l'ancienne, que tout le monde comprend et parle, et qui, par cela même, est aux yeux de bien des gens, tout-à-fait indigne de la littérature et de la poésie; la nouvelle, qui procède du grec et du latin, non plus comme la première par un lent travail d'assimilation, mais directement et sans avoir égard à la différence des temps et des habitudes.

Jodelle, qui le premier a rompu avec toutes les traditions du théâtre du moyen âge, et dont Ronsard a célébré hautement les louanges, n'avait garde de ne pas appliquer à la tragédie les termes qu'il affectionnait; c'est là, il est vrai, que ce langage était le moins déplacé. Ces mots transcrits du latin, dont Ronsard s'est plus d'une fois servi si mal à propos en faisant parler les paysans de nos campagnes, choquent moins dans les entretiens des personnages célèbres de l'antiquité. Sauf d'ailleurs quelques passages bien peu nombreux, où, comme nous l'avons vu chez Garnier, la dignité du style naît de l'élévation des sentiments, c'est seulement grâce à ces expressions que les tragiques antérieurs à Corneille rencontrent parfois une certaine grandeur tendue et boursouflée, mais toute nouvelle. Jodelle savait si bien que c'était là surtout ce que ses partisans attendaient de lui avec impatience, qu'au commencement du prologue de *l'Eugène*, il croit devoir s'excuser en ces termes de leur donner une comédie :

> Assez, assez le Poëte a peu voir
> L'humble argument, le comicque devoir,
> Le vers démis, les personnages bas,
> Les mœurs repris à tous ne plaire pas,
> Pour ce qu'aucuns de face sourcilleuse
> Ne cherchent point que chose sérieuse.

Du reste il poursuit encore, dans cet ouvrage, une certaine élévation de style, supérieure au ton de la comédie antique, et sur laquelle il compte pour améliorer notre langue :

> Bien que souvent en ceste Comedie
> Chaque personne ait la voix plus hardie,
> Plus grave aussi qu'on ne permettroit pas
> Si l'on suyvoit le latin pas à pas,
> Juger ne doit quelque severe en soy
> Qu'on ait franchi du Comicque la loy.
> La langue, encor foiblette de soy mesme,
> Ne peut porter une foiblesse extreme,
> Et puis ceux-ci dont on verra l'audace
> Sont un peu plus qu'un rude populace,
> Au reste tels qu'on les voit entre nous.
> Mais, dites-moy, que recueillerez-vous,
> Quel vers, quel ris, quel honneur et quels mots,
> S'on ne voyoit ici que des sabots?

On se doute du résultat. Le style de cette pièce est un mélange perpétuel d'enflure et de bassesse, et non-seulement ici Jodelle ne tient point ce qu'il vient de promettre, mais, dans tout son théâtre, il remplace souvent, sans le savoir, par les sabots, le brodequin et même le cothurne. Il croyait élever un monument, et ne faisait qu'amasser des matériaux, dont quelques-uns seulement étaient de nature à être utilisés par ses successeurs.

Corneille sut fort bien distinguer ce qu'il y avait de réellement précieux parmi tant de richesses décevantes, et fit entrer pour jamais dans le vocabulaire tragique un grand nombre d'expressions qui faisaient partie du bagage des poëtes qui l'avaient précédé. Telles sont, par exemple, les suivantes : *ma chère âme*, *le conseil en est pris*, *détruire quelqu'un*, *déplorable* appliqué aux personnes, *amollir* pour attendrir, *chatouiller*, *chétif*, heureusement employés au figuré, *ennui* pour chagrin, *courage* pour *cœur*, *douteux*, lorsqu'il est question de l'esprit et de ses incertitudes; telle est encore cette tournure, tant attaquée par Voltaire, et qui consiste à s'adresser à son âme, à son cœur, à son esprit; la voici dans les *Amours* de Ronsard :

> *Fuyons, mon cœur, fuyons*, que mon pied ne s'arreste
> Une heure en cette ville, où par l'ire des Dieux
> Sur mes vingt et un ans le feu de deux beaux yeux
> (Souvenir trop amer) me foudroya la teste.
>
> (II, 16.)

On la retrouve dans le passage suivant de Jodelle, avec la locution : *pleurez, mes yeux*, que Corneille a si heureusement employée dans le Cid :

> *Sus donc*, *Esprit*, sois soucieux :
> Sus donc, sus donc, *pleurez, mes yeux;*
> Ostez le pouvoir à la bouche
> De dire le mal qui me touche.
>
> (*L'Eugène*, III, 3.)

Il est tout simple qu'on rencontre ainsi dans les ouvrages antérieurs à ceux de nos auteurs classiques la plupart des expressions qu'ils nous ont fait connaître et que nous avons apprises d'eux; rien cependant n'étonne davantage au premier abord.

A distance un poëte grandit de tout le prestige dont l'entoure son génie; supérieur à ses prédécesseurs, à ses contemporains, il les fait tous oublier; on ne les lit plus, on n'ouvre même pas leurs œuvres; peu à peu on se persuade, sans se le bien expliquer, qu'il a toujours été isolé sur ce piédestal où l'a placé la légitime admiration des siècles, et il passe bientôt pour n'avoir rien puisé nulle part, pour avoir tout créé, tout inventé, jusqu'à la langue qu'on parlait de son temps.

Il n'y a pas d'erreur plus profonde : en pareille matière chacun a son rôle parfaitement déterminé à l'avance; les gens de talent, les gens d'esprit, inventent souvent des mots; les hommes de génie consacrent ceux qui sont bons, en les plaçant dans leurs chefs-d'œuvre.

Au dix-septième siècle, d'ailleurs, les créations de ce genre, auxquelles l'habitude nous a rendus indifférents et même inattentifs, étaient une affaire sérieuse qui avait ses règles et, pour ainsi dire, son cérémonial. D'ordinaire c'était dans la conversation, alors assez travaillée pour devenir une œuvre littéraire, assez libre pour conserver toute espèce d'audace, que s'introduisaient d'abord les nouveautés; elles passaient ensuite dans la prose, subissaient le contrôle des grammairiens, et n'entraient dans la poésie que lorsqu'elles étaient définitivement reçues; car si l'on reconnaissait aux poëtes le droit d'user de locutions anciennes, on trouvait avec raison que le néologisme enlevait à la fois à leurs vers la noblesse et le naturel.

Vaugelas remarque, dans sa préface, qu'il en est justement des mots comme des modes : « Les Sages ne se hazardent jamais à faire ny l'un ny l'autre; mais si quelque temeraire ou quelque bizarre, pour ne luy pas donner un autre nom, en veut bien prendre le hazard, et qu'il soit si heureux qu'un mot, ou qu'une mode qu'il aura inventée luy réussisse, alors les Sages, qui sçavent qu'il faut parler et s'habiller comme les autres, suivent non pas, à le bien prendre, ce que le temeraire a inventé, mais ce que l'Usage a receu, et la bizarrerie est égale de vouloir faire des mots et des modes, et de ne les vouloir pas recevoir apres l'approbation publique. »

Molière a trouvé cette comparaison si juste qu'il s'en est emparé, en ayant soin toutefois de la renfermer en quatre vers :

..... Tout homme bien sage
Doit faire des habits ainsi que du langage,
N'y rien trop affecter, et sans empressement
Suivre ce que l'usage y fait de changement.
(*École des maris*, I, 1.)

Il observe d'ailleurs fort strictement ce précepte ; jamais il n'invente de mots : *désamphitryonner*, *désosier*, ou *tartufiée*, ne peuvent être considérés comme des néologismes. Ce sont là de ces créations bouffonnes dont les poëtes comiques ont toujours eu l'incontestable privilége.

Suivant M. Castil-Blaze, il est vrai, c'est dans le *Bourgeois gentilhomme* que *chanteur* a été employé pour la première fois au lieu de *chantre*, qui jusqu'alors était seul usité [1]; mais cette

1. *Molière musicien*, Paris, 1852, t. II, p. 34.

assertion est sans fondement, car si *chanteur* manque dans plusieurs de nos anciens dictionnaires, on le trouve déjà au mot *cantor*, dans le *Dictionariolum puerorum*, publié à Paris, par Charles Estienne, en 1552.

On pourrait du reste, sans crainte, tenir le pari de trouver ainsi un père ou du moins un parrain à tous les termes que les critiques et les commentateurs ont signalés comme nouveaux dans les œuvres des écrivains éminents.

Moutonnier, indiqué à tort comme étant de la création de la Fontaine, a été trouvé dans Rabelais par M. Génin; *ratte*, qui lui est attribué par M. Walckenaer, se rencontre chez Marot; *nivellerie* est dans les *Recherches italiennes* d'Oudin; *bestion*, dans les œuvres de Philibert Delorme, et *poulaille*, partout [1].

Il en est de même en ce qui concerne Corneille; Bouhours, qui avait plus de goût que d'érudition, n'hésite pas, dans ses *Doutes d'un gentilhomme de province*, à le mettre au nombre des inventeurs de mots : « Le public est si jaloux de son autorité qu'il ne veut la partager avec personne, et c'est peut-être pour cela qu'il rebute d'ordinaire les mots dont un particulier se déclare l'inventeur ou le patron. Témoin l'*esclavitude* et l'*insidieux*, de M. de Malherbe; le *plumeux*, de M. Desmarets; l'*impardonnable*, de M. de Segrais; l'*invaincu* et l'*offenseur*, de M. de Corneille. »

Le piquant, c'est qu'aucun des mots cités ici par Bouhours n'a été réellement créé par l'auteur auquel il l'attribue; Ménage, qui se laisse presque toujours battre quand il s'agit de questions purement littéraires, triomphe ici sur tous les points. Il établit qu'*insidieux* est dans Nicot, *plumeux* dans le baron de Fœneste, et que Malherbe n'a pas fait *esclavitude;* enfin, en ce qui touche particulièrement Corneille, il fait observer que l'Académie a loué l'emploi d'*offenseur*, et que notre poëte n'a fait ni ce mot ni celui d'*invaincu*. « J'ai bonne mémoire, dit-il, d'avoir lu le premier dans l'Astrée, et pour le second il est dans Nicot. »

Nous avons rapporté, dans notre lexique, des autorités plus anciennes que celles qu'invoque ici Ménage.

De notre temps on s'est efforcé de nouveau de faire de Corneille un néologue, et cela, suivant toute apparence, afin d'ajouter quelque chose à sa gloire. Voici en quels termes M. Aimé Martin s'exprime à ce sujet:

1. Voyez notre *Essai sur la langue de La Fontaine*, p. 37 et suivantes.

« C'était peu de dégrossir la langue, il fallait réparer ses pertes; il fallait plus, il fallait l'élever jusqu'à la poésie et la rendre capable d'exprimer noblement de nobles pensées. Telle était alors sa pauvreté, qu'un poëte n'aurait pu qualifier, sans de longues périphrases, soit le bras qui punit, soit le cœur qui pardonne, soit les disgraces du sort et de la fortune, soit enfin cette qualité de l'esprit qui fait entreprendre les choses avec une adroite légèreté. Corneille voulant que toutes ces choses pussent se dire d'un mot, il fit *punisseur*, *exorable*, *infélicité*, qui sont restés français, et popularisa *dextérité*, depuis peu introduit dans la langue. Des circonvolutions interminables étaient également nécessaires pour spécifier un raisonnement qui n'a que l'apparence de la vérité, ou une finesse difficile à démêler, ou un caractère plein de ruses et de déguisements; Corneille créa le mot *captieux*, qui représente aujourd'hui toutes ces nuances d'idées: il créa également le mot *impénétrable*, mot si nécessaire qu'on le croirait aussi vieux que la langue, et qui cependant n'y entra qu'en 1640. Ainsi, avant Corneille, on n'aurait pu dire des arbres *impénétrables* aux rayons du soleil, ou figurément, en se servant de la même expression : Les desseins de Dieu sont *impénétrables.* »

Toutes ces assertions si formelles sont fausses : *punisseur* se trouve dans les tragédies de Garnier ; *exorable*, *dextérité*, *impénétrable*, figurent dans l'édition de 1611 du Dictionnaire français-anglais de Cotgrave ; on rencontre *infélicité* dès 1530, dans la grammaire de Palsgrave; enfin *captieux* qualifie le mot *projet* dans l'édition de 1571 des épithètes de Delaporte.

Ces mots, loin d'être nouveaux du temps de Corneille, commençaient, pour la plupart, à être oubliés; ce sont de beaux débris du vocabulaire de la Pléiade, recueillis et habilement mis en œuvre par notre poëte.

Les substantifs en *eur* tirés de nos verbes, tels qu'*offenseur* et *punisseur*, ont été créés en grand nombre par les écrivains du seizième siècle ; on les formait alors à volonté. Plusieurs sont définitivement entrés dans notre langue ; beaucoup ont disparu dès les premières années du dix-septième siècle ; d'autres, rarement employés, surprennent encore chaque fois qu'on les entend. Il en est de même de *captieux* et de la plupart des adjectifs de cette terminaison : tantôt tirés des adjectifs latins en *osus*, tantôt formés directement sur des substantifs français, ils se montrent souvent tour à tour sous ces deux formes, comme il arrive pour *nuageux* et *nébuleux* ; dans ce cas la première a seule pénétré dans les rangs inférieurs de la société, et Tallemant des Réaux nous raconte, dans une anecdocte impossible à reproduire, combien le président d'Aumont trouvait la seconde inquiétante dans la bouche d'une paysanne.

Infélicité est un de ces mots que l'on pouvait créer quand ils n'existaient pas; les privatifs et les réduplicatifs conservent encore aujourd'hui ce privilége qu'ils ont eu de tout temps, et il faut tenir singulièrement à donner à Corneille un grand rôle dans la création de notre vocabulaire, pour lui attribuer *rapaiser*, *rembraser*, *reflatter*, etc. [1]

1. On pourrait noter chez les tragiques antérieurs à Corneille un grand nombre de réduplicatifs qu'il n'a pas imités, et qui sont aujourd'hui complétement hors d'usage. Nous nous contenterons de quelques exemples :

Raller :

Sans travail les biens à foison
Sont apportez en ma maison,
Biens, je dy, que jamais n'acquirent
Les parens qui naistre me firent,
Et qui ainsi donnez me sont
Qu'à mes héritiers ne *revont*.
(Jodelle, *l'Eugène*, I, I.)

Raveugler :

Ore il cognoist sa faute, et ore
Sa peine le *raveugle* encore
Fuyant sa guarison.
(Jodelle, *Didon*, fol. 290 v°.)

Redélivrer :

. . . . . Qu'un Brute puisse renaistre
Courageusement excité,
Qui des insolences d'un maistre
Redélivre nostre Cité.
(Garnier, *Cornélie*, II, 379.)

Refourmiller, reguérir :

. . . . Ta raison premiere,
Debrouillant les poisons de ta belle sorciere,
Reguérit ton esprit, et lors de toutes pars
Tu fais *refourmiller* la terre de soldars.
(Garnier, *Antoine*, I, 81.)

Rencouragé :

Trois fois les bataillons esclaircis de soldars
S'allerent rallier dessous les estendars
Pour reprendre l'haleine, et puis l'ayant reprise
Trois fois *rencouragés* revindrent à la prise.
(Garnier, *Cornélie*, V, 177.)

Rengendrer :

Ores voicy le temps, auquel doyvent les Dieux

Les verbes composés avec *entre*, dont notre poëte a fait grand usage, ne sauraient non plus être considérés comme une innovation, et sont fort anciens dans notre langue.

Dans ses notes, M. Aimé Martin indique un bon nombre de termes comme inventés par Corneille, mais toujours avec aussi peu de fondement ; ainsi *éloigner la ville*, en parlant d'un vaisseau, est signalé comme vieux dans une excellente remarque de Ménage sur Malherbe, et *déceptif* se trouve dans Garnier, qui employait aussi *déceveur*. Ce qu'on aura peine à croire, c'est que *penser* pris substantivement a passé aussi pour une création de Corneille, tandis que cette tournure, et en général l'emploi analogue des infinitifs, remonte aux origines mêmes de la langue.

En voyant les commentateurs les plus estimés de nos auteurs classiques tomber, au sujet de la date des mots, dans de si fréquentes méprises, on se demande avec étonnement ce qui peut les occasionner. La confiance illimitée qu'ils accordent à Nicot, doit être considérée comme la principale cause de leurs erreurs ; ils s'imaginent, bien gratuitement, que son dictionnaire est complet, et, tous les mots qu'ils n'y trouvent pas, ils les attribuent à l'auteur qu'ils publient : rien ne semble plus incroyable et rien cependant n'est plus vrai.

On ne se rend guère compte des motifs qui ont pu acquérir a ce dictionnaire une si grande autorité ; s'il renferme de curieux renseignements, la nomenclature n'en est pas moins des plus défectueuses, et souvent un mot qui manque à son rang alphabétique se trouve employé dans le cours d'un autre article ; c'est, par exemple, ce qui arrive pour *captieux* qu'on ne rencontre qu'au mot *Subtilité*.

Comme les dictionnaires de ce temps sont rédigés avec une absence complète de méthode, on ne saurait en consulter un trop grand nombre ; il existe une foule de lexiques français-anglais, français-italiens, français-espagnols, trop peu connus, trop peu recherchés, et qui pourraient cependant être du plus grand secours. Les principaux sont : en 1603, le *Dictionnaire françois-italien*, de Pierre Canal ; en 1607, le *Thrésor des langues françoise et espagnolle*, par Oudin ; en 1609, le *Thrésor des trois lan-*

Destruire courroucez ce monde vicieux
Afin de *r'engendrer* une autre sorte d'hommes
Meilleurs et plus entiers que cent fois nous ne sommes.
(Garnier, *Porcie*, III, 27.)

gues françoise, *italienne*, *espagnolle*, par Hierosme Victor; en 1611, l'excellent *Dictionnaire françois-anglois* de Cotgrave, bien plus complet que Nicot; en 1643, les *Recherches françoises et italiennes* d'Antoine Oudin. Enfin le curieux glossaire de Sainte-Palaye, qui n'a été imprimé que jusqu'au mot *asseureté*, mais dont les matériaux, disposés alphabétiquement, sont conservés au Département des manuscrits de la Bibliothèque Impériale, offre d'inépuisables ressources pour l'histoire de notre langue.

Il est vrai que tous ces lexiques ne remplacent pas la lecture attentive de nos anciens auteurs, mais du moins ils mettent sur la voie, et empêchent de tomber dans des erreurs aussi graves et aussi nombreuses que celles que nous venons de signaler.

Tandis que les commentateurs de Corneille lui attribuaient des expressions qui, loin d'être nouvelles, commençaient au contraire à vieillir lorsqu'il en a fait usage, ils négligeaient d'en noter quelques autres qu'il peut passer pour avoir, sinon créées, du moins introduites dans notre langue : tel est *alfange*, mot d'origine arabe, qu'il transcrivait littéralement, en 1660, de l'espagnol pour le faire entrer dans le *Cid* à la place du mot *épée*. Cet essai assez curieux de stricte fidélité historique ne fut pas fort goûté, et, bien que Corneille ait constamment maintenu sa nouvelle rédaction, on en revint au théâtre à son premier texte. Le mot *Cid*, que Corneille avait prudemment accompagné de cette glose poétique (IV, 3) :

> ... Cid en leur langue est autant que Seigneur.

fut au contraire promptement compris et adopté.

Parfois notre poëte emprunte à la langue espagnole des tournures et des locutions toutes faites ; on lit dans les *Observations* de Ménage : « Les Espagnols disent : *darse las manos*, pour dire *se promettre mariage*, *se marier*, *s'épouser*... M. Corneille a introduit dans nos poëmes dramatiques cette façon de parler, afin de diversifier, comme je lui ai ouï dire, les mots de *mariage*, de *marier*, et d'*épouser*, qui se rencontrent souvent dans ces sortes de poëmes, et qui ne sont pas fort nobles. »

Bouhours blâmait cette locution, qui du reste ne s'emploie aujourd'hui qu'avec l'adjectif possessif, *donner sa main*, et non *donner la main*; il critique surtout l'expression *prêtez-moi votre main*, pour *feignez de m'épouser*, qui se trouve dans Pulchérie

2.

(V, 3), et qui est vraiment un peu étrange. Ménage se contente de défendre ainsi notre poëte: « J'ai ouï dire plus d'une fois à M. Corneille que ce vers:

> Pretez-moy vostre main, je vous donne l'Empire,

étoit un des plus beaux qu'il eût jamais fait. » Cela, il faut en convenir ne prouve pas grand'chose, si ce n'est que le savant grammairien était dans une certaine intimité avec l'illustre tragique; c'est peut-être, du reste, tout ce qu'il tenait à établir.

En recherchant, chez les contemporains de notre poëte et dans ses propres œuvres, les rares témoignages relatifs aux locutions introduites par lui dans la langue, nous avons noté ce passage de la *Suite du Menteur*, où Corneille signale avec une certaine complaisance un proverbe auquel avait donné lieu sa précédente comédie:

> La Piéce a reüssi, quoy que foible de style,
> Et d'un nouveau Proverbe elle enrichit la Ville;
> De sorte qu'aujourd'huy presque en tous les quartiers
> On dit, quand quelqu'un ment, qu'*il revient de Poitiers.*
> (I, 3.)

Le fait est curieux, mais il se pourrait bien que ce ne fût là qu'une simple bouffonnerie de Cliton. Sans parler, du reste, des vers du *Cid*, que l'on cite à chaque instant, tels que:

> La valeur n'attend point le nombre des années...

> A vaincre sans péril on triomphe sans gloire...

> ..... Le combat cessa faute de combatans...

ce chef-d'œuvre de notre poëte a donné lieu à un proverbe des plus glorieux pour lui, et Pellisson nous raconte, dans son histoire de l'Académie, qu'il passa en coutume de dire: « Cela est beau comme le *Cid*. »

Corneille parvint à de tels succès avec bien moins d'efforts que ses prédécesseurs; il sut constituer seul ce style noble dont ils avaient le sentiment, mais auquel il ne leur avait pas été donné d'atteindre, et cela fort simplement à coup sûr, mais avec la simplicité du génie.

Ennemi déclaré, quoi qu'on en ait dit, de toute création de mots, n'admettant ceux de la Pléiade qu'après un choix habile et surtout des plus discrets, ce fut dans le vocabulaire national qu'il puisa toutes ses ressources. Il n'est pas rare de lui voir employer des termes d'un usage assez peu répandu, oubliés par les lexicographes contemporains, et il se montre souvent plus exact à les placer heureusement dans ses œuvres, qu'eux à les ranger par ordre alphabétique dans leurs dictionnaires.

Quant à ses inspirations, ce n'est pas au théâtre grec qu'il va les demander, il les doit presque toutes à l'Espagne, et, même lorsqu'il cherche ses modèles dans l'antiquité latine, c'est encore, comme il le remarque lui-même [1], aux auteurs de ce pays qu'il a recours; mais l'ardeur méridionale est constamment tempérée dans ses écrits par la sapience normande; la vivacité de la passion unie au calme du bon sens constitue le caractère propre de son génie. C'est le fond commun auquel se rattachent les personnages si divers qu'il a fait parler; c'est de là que procèdent la majesté toute familière d'Auguste, la fermeté si mâle et pourtant si attendrie du vieil Horace, le courage ému de Rodrigue, l'héroïsme simple et naturel de Polyeucte.

Corneille se garde bien d'ailleurs de courir après le majestueux et le sublime; il prend soin de proportionner sans cesse son langage aux sujets qu'il traite et aux gens qu'il fait parler; chez lui la noblesse du style dépend surtout de la noblesse des sentiments. Qu'on écoute Maxime et Félix, on se convaincra bien vite que parfois notre poëte abaisse à dessein le style de la tragédie jusqu'au ton le plus vulgaire de peur d'ennoblir, par l'expression, des pensées qui doivent demeurer viles et abjectes. Dans la comédie, il ne recherche pas, comme Jodelle, la noblesse et l'élévation, mais le langage simple de la bonne compagnie, et il nous apprend que ce fut là un des principaux motifs du succès de *Mélite :* « La nouveauté de ce genre de Comédie dont il n'y a point d'éxemple en aucune Langue, et le stile naïf, qui faisoit une peinture de la conversation des honnestes gens, furent sans doute cause de ce bonheur surprenant, qui fit alors

1. « J'ay creu que nonobstant la guerre des deux couronnes, il m'étoit permis de trafiquer en Espagne; si cette sorte de commerce étoit un crime, il y a long temps que je serois coupable, je ne dis pas seulement pour *le Cid*, où je me suis aidé de Don Guillem de Castro, mais aussi pour *Médée*, dont je viens de parler, et pour *Pompée* mesme, ou pensant me fortifier du secours de deux Latins, j'ay pris celuy de deux Espagnols, Séneque et Lucain étant tous deux de Cordoue. » (*Dédicace du Menteur.*)

tant de bruit. » Voilà donc le premier modèle de notre poëte : *la conversation des honnêtes gens ;* cette conversation tour à tour grave et enjouée, qui abordait si résolûment et parfois traitait les sujets religieux, philosophiques, littéraires, et où, comme dans un combat à armes courtoises, la politesse de la défense n'excluait pas la vivacité de l'attaque.

Ce précieux secours manquait aux prédécesseurs de Corneille, au milieu de ce XVIe siècle si intelligent et si agité, où les ambitions, les talents, les vertus, les vices, le génie, la médiocrité, luttaient pêle-mêle, sans que l'unité ni la mesure existassent nulle part; mais lorsque *Mélite* parut, ce langage exquis de la conversation avait déjà eu le temps de se former, sans aucun profit toutefois pour nos auteurs dramatiques, qui écrivaient encore dans le style conventionnel et factice de l'école de Ronsard. Notre poëte comprit le premier, dès son début, l'importance de l'élément nouveau, et il sut s'en servir non-seulement comme d'un exemple utile pour le langage de la comédie, mais encore comme d'un point de départ pour s'élever à celui de la tragédie, qui, sauf les passages où la passion domine et communique au style une éloquence exceptionnelle, n'est, à bien prendre, qu'une suite de conversations entre personnages illustres.

Dans les ouvrages de Corneille, le style noble diffère plus du langage ordinaire par l'absence de certains mots que par l'emploi fréquent d'expressions sonores et d'élégances convenues ; encore notre poëte se montre-t-il fort sobre d'exclusions, et, désirant se renfermer le plus possible dans le vocabulaire courant, il n'en retranche rien qu'à regret; mais tandis que les esprits sages et justes restreignaient de plus en plus l'usage des termes de Ronsard, l'hôtel de Rambouillet, qui, à bien des égards, avait conservé les traditions de la Pléiade, poursuivait rapidement son travail de proscription sur le fond même de notre langue avec autant de tranquillité, autant de confiance, que si les mots étranges dont on prétendait l'avoir enrichie eussent été admis définitivement; si bien que le style noble, ainsi travaillé par les écrivains judicieux qui en retranchaient les importations maladroites, et par les précieuses qui mettaient avec soin à l'écart les mots du langage ordinaire, ressemblait fort à cet homme entre deux âges, dont les fabulistes nous ont raconté la plaisante mésaventure.

Rien du reste ne serait plus délicat que de dresser définitivement, sans mauvais goût comme sans pruderie, la liste des mots qui ne doivent jamais entrer dans le style noble; l'important est de bannir sans retour toute pensée puérile ou mesquine : quand Horace critique ce vers de Furius Bibaculus (II, Sat. V, 41).

Jupiter hibernas cana nive conspuit Alpes,

c'est bien plutôt parce que l'image n'est pas d'une ampleur suffisante pour l'idée, qu'à cause de ce qu'il y a de répugnant dans l'expression. On peut en dire à peu près autant, en notre langue, des passages qui suivent et de tous ceux du même genre :

La tombante tempeste
Adversaire à l'orgueil
Escarbouilla leur teste.

(Jodelle, *Cléopâtre*, II.)

... Le somme flatteur mes langueurs assommant
Apparoistre me fit mon Hector en dormant,
Non comme foudroyant les Argives armées
Lors qu'il lançoit ses feux dans leurs naus enflammées,
Mais lassé, misérable, abattu, déformé,
Le chef couvert de *crasse* et en pleurs consommé.

(Garnier, *la Troade*, II.)

Il n'en est pas de même du mot *vomir*, qui, au propre, choque notre délicatesse, mais dont l'emploi figuré peut être d'une grande énergie; Vaugelas l'a bien compris, et il prend dans ses *Remarques* la défense de cette expression fort mal reçue à la cour, « principalement des dames, à qui un sale objet est insupportable. » Dans les langues artificielles et compliquées comme la nôtre, ce sont des circonstances aussi fortuites qui règlent tout; l'avis des grammairiens est d'un poids immense, et deux lignes du moindre d'entre eux peuvent nous conserver une locution excellente, que dix passages de nos premiers écrivains n'auraient pas sauvée.

Par malheur il est rare qu'ils se montrent cléments, et, plus d'une fois, d'accord avec les précieuses, ils sont parvenus à bannir des termes tout à fait indispensables. Les étrangers doivent être fort surpris de voir que, dans notre style, il est impossible de nommer avec quelque précision les différentes parties du corps. *Ventre*, dont se servaient les anciens tragiques, est devenu trivial, et Corneille n'aurait pas osé dire comme Jean Heudon :

C'est par trop vivre :

Entre, lame pointue, en mon *ventre*, et délivre
Mon corps de son esprit, mon esprit de langueur.
(*Pyrrhe*, acte V.)

On trouve qu'*estomac*, dont notre poëte se sert souvent, rappelle trop l'idée des phénomènes de la digestion ; *poitrine* paraissait à certains délicats devoir être évité, parce qu'on dit une *poitrine de veau*, et Vaugelas, qui nous l'a conservé, n'a pu maintenir *face* qu'ils attaquaient également; *flanc* n'a été supporté qu'accompagné d'une épithète; *sein* s'est alors employé dans un sens fort général pour remplacer la plupart de ces mots qui disparaissaient, mais, par un singulier contraste, il perdait en même temps son acception particulière, qui commençait à sembler un peu libre; elle choquait surtout au théâtre, et Corneille, qui avait d'abord écrit dans la *Veuve* (I, 3) :

Vous portez sur le *sein* un mouchoir fort carré,

remplaça plus tard *sein* par *gorge*, terme général et vague qui sert à tout et qu'il a substitué, dans *Médée*, en parlant d'un dragon, au mot *gueule* qu'on trouvait répugnant.

Les contemporains de Corneille, loin de généraliser l'emploi des termes relatifs aux différentes professions, comme nous avons vu qu'il aimait à le faire, évitaient, au contraire, avec le plus grand soin tout mot qui avait dans une science quelconque une acception technique et particulière, et nous apprenons de Vaugelas et de Ménage que *futur*, même employé adjectivement, était banni du haut style comme sentant le notaire et le grammairien. On comprend par là avec quel soin on dut éviter toutes les expressions qui rappellent les noms mêmes des contrats et des conventions les plus ordinaires. Ménage a beau dire, dans ses notes sur Malherbe, que ceux qui blâment *loyer* pour *récompense* sont trop délicats, malgré l'emploi excellent que Corneille a souvent fait de ce mot, il a disparu ainsi que *congé* dans le sens général de *permission*. Les termes qui, par une seule de leurs acceptions, rappelaient les détails du ménage, étaient encore bannis plus rigoureusement. Vers le milieu du XVIIe siècle, un amant qui, au lieu de déclarer sa *flamme*, eût parlé de sa *braise*, aurait été sans doute fort mal accueilli, quoique Corneille n'ait pas hésité, dans ses premières pièces, à se servir de cette expression, et que tous les mots qui en sont dérivés, tels qu'*embraser*, *embrasement*, *brasier*, soient, même maintenant, du haut style. C'est un motif analogue qui a porté à exclure de la langue *bouillons*, au figuré, quoiqu'on dise encore *bouillonner*, et qui a fait critiquer vivement l'expression *passer l'éponge*, employée par notre poëte dans la tragédie d'une manière fort heureuse.

On ne voit pas que tant d'entraves aient gêné le moins du monde le premier élan du style de Corneille ; les critiques survenant, il lui arrivait d'effacer et de retoucher, mais il n'allait guère de lui-même au-devant des objections, et continuait toujours à faire parler ses personnages avec autant d'aisance et de naturel.

Il en résulte assurément quelques trivialités relevées dans notre lexique, et parmi lesquelles nous citerons comme exemples, *cajoler*, *tâter* pour *éprouver*, *pousser à bout*, *prendre en traître*, *tomber des nues*, *se moquer de*, *faire pester*, *avoir la larme à l'œil*, *avoir sur les bras*. Remarquons toutefois que ces expressions n'ont pas été blâmées par les contemporains ; plusieurs d'entre elles peuvent fort bien n'être devenues triviales qu'assez tard : quelques-unes, comme *pousser à bout*, se retrouvent chez Racine; parfois aussi celles qu'on rencontre chez ce dernier poëte, si elles ne sont pas identiques, sont au moins équivalentes : ainsi on n'y lit pas *avoir la larme à l'œil*, mais on peut y recueillir *être tout en larmes*, qui n'est guère moins familier.

D'ailleurs, si le style de notre poëte n'a pas cette élévation continue que certains écrivains regardent comme une condition essentielle dans la tragédie, on en est bien dédommagé par un grand nombre d'expressions de la plus énergique simplicité.

Quoi de plus naïf et de plus beau que ce vers de Polyeucte (I, 1.) :

> Dieu qui *tient vostre ame et vos jours dans sa main.*

Lorsque nous entendons dire au vieil Horace (III, 6.) :

> Il eust avec honneur laissé mes *cheveux gris*,

nous éprouvons une émotion involontaire ; si le poëte avait écrit : Il eût avec honneur laissé mes *cheveux blancs*, le terme serait peut-être plus noble, mais l'originalité touchante du passage disparaîtrait pour faire place à un lieu commun des plus rebattus.

En lisant Corneille on est surpris et attristé des pertes que notre langue a faites[1] ; les mots vieillis et hors d'usage sont extrê-

1. On peut voir, par exemple, dans notre lexique, les mots suivants : *accort*, *ac-*

mement nombreux, quoiqu'il ne les ait jamais recherchés, et qu'il se soit toujours efforcé, au contraire, comme le veut le genre dramatique, de se conformer le plus fidèlement possible au langage de son époque. Il en est plusieurs qui figurent seulement dans ses premières pièces, et d'autres qu'il n'a pas même laissés subsister là et qu'il a fait disparaître dans ses dernières éditions.

Du reste ces mots, qu'il suffit de recueillir soigneusement, donnent lieu à peu d'observations ; il n'en est pas de même des termes encore employés aujourd'hui, mais qui se sont affaiblis et altérés par l'usage, comme les monnaies par la circulation et le frottement : *abîmer*, après avoir signifié *précipiter dans un abîme*, veut dire simplement, *gâter*, *endommager*, *salir ; chagrin*, *déplaisir*, *être fâché*, *en colère*, *en fureur*, ont tellement perdu leur valeur à force de servir à exprimer la contrariété la plus légère, qu'ils ne peuvent plus guère trouver place dans le haut style ; il en est de même de *méchant*, *mutin*, *mutinerie*, prodigués pour la moindre faute commise par un enfant ; *mélancolie* se disait en médecine du délire d'une personne tourmentée par une grande abondance de bile noire, et, au figuré, du chagrin le plus vif, le plus exclusif. Il est resté noble, n'a nullement vieilli, et entre même fort bien dans un ouvrage à la mode ; mais c'est pour exprimer une situation qui n'a rien de douloureux, une tristesse vague, ou plutôt un simple penchant à la tristesse, qui n'exclut ni la vie du monde, ni les distractions, ni les plaisirs, au milieu desquels on se contente de porter un visage quelque peu assombri.

Ennui, qui s'appliquait pendant le cours du dix-septième siècle aux chagrins qui s'emparent de l'âme tout entière, n'est plus aujourd'hui en usage que pour exprimer l'état produit par une contrariété légère ou par l'absence d'occupation ; et *gêne*, qui, au propre, désignait les tourments de l'enfer, et, par suite, les plus violentes douleurs morales, ne se dit plus que de la souffrance que cause une chaussure trop juste, un vêtement mal fait, ou

cortement, *affété*, *affiner*, *affoler*, *affronter*, *affronteur*, *allégeance*, *assiette* (pour situation), *attache* (pour attachement), *bénignité*, *charmeur*; *chef* (pour tête), *coléré*, *congratulation*, *congratuler*, *conquester*, *courre*, *coutumier*, *dam*, *désanimé*, *au desceu*, *dextre*, *dextrement*, *envieilli*, *épartir*, *forcénement*, *forcenerie*, *galantiser*, *incaguer*, *ire*, *magnifier*, *marri*, *muable*, *nef*, *outrecuidé*, *portraire*, *quérir*.

tout au plus un manque de fortune encore fort éloigné de l'indigence. C'est *incommodé* qu'on employait en ce dernier sens du temps de Corneille; il s'appliquait alors aussi bien au peu de richesse qu'au peu de santé; puis, par une conséquence naturelle, on se servait d'*accommodé* en parlant d'une personne dans l'aisance.

Beaucoup de mots, qui à cette époque se pliaient à plusieurs significations, se sont, de la façon la plus bizarre, immobilisés et pétrifiés, si l'on ose le dire, dans des sens étroits et restreints : *succès*, par exemple, s'employait fort bien de la façon la plus générale, sans rien préjuger quant à la nature du résultat, tandis que *succéder*, pris absolument, signifiait souvent réussir, ce qui n'a plus lieu. Plusieurs termes, dont nous n'avons conservé que des acceptions fort détournées, paraissent dans toute leur énergie étymologique : *stupide*, *stupidité*, expriment la *stupeur* plutôt encore que la lourdeur d'esprit, que le manque d'intelligence ; *imbécile* signifie *faible* plus fréquemment que *sot ; secrétaire* se dit fort bien pour *confident ; ressentiment*, *redite*, *guindé*, et même *divaguer*, se rencontrent dans un sens favorable ; *procurer*, au contraire, se prend souvent en mauvaise part ; le *divorce* n'est pas seulement la rupture du mariage, mais une séparation quelconque ; le mot *génie* exprime le caractère propre, le naturel de chacun, et n'est pas exclusivement réservé aux intelligences d'élite unies à des âmes supérieures ; la *préoccupation* est souvent l'état d'un esprit occupé d'avance par un autre sujet que celui qu'on veut lui proposer, et non pas d'un esprit distrait ; rabaisser, c'est parfois *abaisser de nouveau*, et non *dénigrer ; idée* ne signifie fréquemment qu'*image ; hôtesse* a un sens réciproque qui s'applique aussi bien à celle qui est reçue qu'à celle qui reçoit ; *divertir*, comme *distraire*, c'est détourner d'une pensée dominante ; le sens d'*amuser* n'est que secondaire et accessoire ; se *rafraîchir* ne signifie pas seulement *prendre des rafraîchissements*, mais aussi *se reposer ; monument* se dit surtout d'une construction destinée à rappeler le souvenir de quelqu'un, d'un *sépulcre*, d'un *tombeau*.

Maintenant certains mots ne s'appliquent qu'aux personnes, d'autres ne se disent que des choses ; Corneille n'a pas observé toutes ces distinctions, ou plutôt elles n'existaient pas alors, aussi n'a-t-il pas hésité à employer les expressions suivantes : des vœux, des désirs *contents*, des événements *dénaturés*, prince *déplorable*, ennemi *pompeux*, l'*empressement* d'une affaire, *accabler* un vaisseau, *dépayser* un sujet de pièce, héros *miraculeux*, *suborner* des pleurs.

On retrouve souvent avec plaisir, dans toute la force de leur sens primitif, des termes qui aujourd'hui sont seulement usités au figuré, ou qui n'ont été conservés que dans les vocabulaires spéciaux des arts ou des sciences ; *débiliter*, qui ne se dit plus qu'en médecine, était alors du langage ordinaire ; *captiver*, *ravi*, s'employaient souvent au propre ; et, d'un autre côté, beaucoup d'expressions qu'on n'oserait plus employer au figuré étaient hasardées par notre poëte. Dans son hardi langage, *étaler tout Pompée aux yeux des assassins*, c'est leur faire connaître la grande âme du héros; il se sert du mot *bouche* en parlant d'une plaie, de *support* dans le sens où nous employons *appui*, de *secret* pour *ressort*: « le *secret* a joué; » de *remplage*, de *véhicule*, de *sucre*, dans des acceptions métaphoriques, qui, il est vrai, ne nous semblent pas irréprochables, mais seulement peut-être parce que l'usage ne les a pas consacrées.

Ce procédé, aujourd'hui trop négligé, de faire rendre aux mots tout ce qu'ils peuvent donner, d'en varier à l'infini les acceptions et les nuances, de les ramener à leur origine, de les retremper fréquemment à leur source étymologique, constituait un des secrets principaux des auteurs du dix-septième siècle. Un de leurs prédécesseurs avait du reste donné d'admirables exemples de cette manière d'écrire et en avait même déjà formulé la règle fondamentale : « Le maniement et emploite des beaux esprits, dit Montaigne, donne prix à la langue, non pas l'innovant tant, comme la remplissant de plus vigoreux et divers services, l'estirant et ployant (*Essais*, III, v). »

L'oubli de ce précepte a créé le néologisme. Quand on n'a plus su profiter des richesses que fournit notre langue, on l'a crue pauvre; on a voulu l'enrichir; par malheur, au lieu d'en creuser le fond plus avant et d'en étendre le domaine, on l'a surchargée sans besoin d'ornements d'emprunt, et l'amour de la nouveauté qui, grâce à la façon dont il était dirigé, tendait de plus en plus du temps de Corneille à rapprocher les poëtes du génie propre à notre idiome, est précisément ce qui les en éloigne aujourd'hui.

Rien ne serait si facile, comme on l'a remarqué plus d'une fois, que de suivre dans le théâtre de Corneille le progrès des mœurs publiques ou du moins des convenances extérieures.

Plus chaste, dès son début, que la plupart des poëtes dramatiques de son temps, il avait néanmoins écrit dans ses premières pièces, et notamment dans *Clitandre*, certaines scènes qu'il retrancha soigneusement plus tard comme ne répondant pas à la dignité qu'il avait su donner à la comédie, et dont il s'applaudit avec un si juste orgueil à la fin de l'*Illusion comique*. Plusieurs des mots dont notre auteur s'est servi dans ses premiers ouvrages, suffiraient à eux seuls pour témoigner de la licence du théâtre au moment où il les écrivait; il parle de *maîtresse engrossée*, de *fille forcée*, sans jamais chercher à adoucir par le choix de l'expression ce que l'idée a de choquant. Il faut reconnaître néanmoins que certaines de ces privautés de langage, loin de prouver contre la pureté des mœurs de cette époque, en supposent, au contraire, une fort grande; les jeunes filles traitent ouvertement d'*amants* ceux qui les courtisent; elles les tutoient jusque dans *Horace* et *le Menteur*, sans que cela excite un sourire; enfin Corneille employait, même dans la tragédie, l'expression *faire une maîtresse*, qui s'appliquait alors à une recherche honorable, et ne sentait point le libertinage. Ce dernier mot, chose plus étrange, et ceux de *libertin* et de *licencieux*, n'avaient pas le sens que nous leur donnons aujourd'hui; ils désignaient seulement une certaine indépendance, une certaine liberté dans la manière de penser ou d'écrire, et notre auteur ne les emploie que comme termes de poétique.

Le vocabulaire de la galanterie était dès lors très-étendu et très-raffiné. Ce n'est pas Bélise qui a inventé d'appeler les yeux des *truchements;* cette expression paraît dans *Mélite* et se trouve encore dans *Suréna ;* quant au mot *objet*, on le rencontre à chaque instant, non-seulement pour signifier la personne aimée ellemême, mais pour désigner son apparence extérieure, son aspect, son image :

> Angélique est fort dans ta pensée.
> — Hélas ! c'est mon malheur; son *objet* trop charmant,
> Quoy que je puisse faire, y régne absolument.
>
> (*La Place royalle*, I, IV, 4.)

Ces termes viennent pour la plupart de l'*Astrée*, où on lit aussi *particulariser une personne*, en faire sa *particulière dame*, tournure qui a donné naissance à l'expression *ma particulière*, encore fort en usage dans nos régiments.

Non content de se servir de ces termes dans la comédie, Corneille les place dans la bouche des personnages de l'antiquité. Il commet la même faute à l'égard des formules habituelles de la politesse de son temps, qu'il introduit, sans y prendre garde, dans ses tragédies; il y est très-souvent question de *civilités*, d'*incivilité*, de *compliments*, de *visites;* on y parle de la *condition* des personnages, et on les appelle toujours *monsieur*, *madame* ou *seigneur*. Corneille cependant a été moins loin dans cette voie que ses prédécesseurs; dans les *Juives* de Garnier, Amital dit à Nabuchodonosor (III, 72) :

> Las ! n'est-ce rien souffrir quand un royaume on perd !
> *Sire*, Dieu vous en garde.

et les divers titres honorifiques de nos princes sont ainsi transportés dans les temps anciens.

On est un peu plus surpris de voir dans *Mélite*, par une bizarrerie toute contraire, Éraste qui, pendant un accès de folie, se croit poursuivi par toutes les divinités infernales, et invoque les dieux comme un païen pourrait le faire; mais c'était encore là une tradition, trop fidèlement suivie par Corneille. Dans l'*Eugène* de Jodelle, le principal personnage n'agit pas autrement (III, 11).

> O Jupiter! que sommes-nous?
> Pouvons-nous rien de nous promettre?

s'écrie-t-il dans un moment d'abattement, soit que les poëtes d'alors aient contracté cette habitude par la traduction des auteurs profanes, soit qu'elle ait eu une sorte de fondement réel, et que dans la société de cette époque, imbue de la connaissance de l'antiquité, les expressions *par Jupiter*, *par les Dieux*, aient eu réellement cours dans la conversation, précisément pour éviter des jurons plus en rapport avec nos croyances, et par cela même plus répréhensibles.

Les mots qui désignent les différentes classes de personnes méritent attention. Quant à la forme, ils sont les mêmes qu'aujourd'hui; mais quant à la signification, ils sont entièrement différents. C'est en pareil cas surtout qu'il importe d'oublier ce que l'on sait, et de ne juger du sens d'une expression que par celui de la phrase entière. Rien ne trompe davantage les Français médiocrement lettrés, persuadés bien gratuitement qu'ils connaissent leur langue, et plus déroutés souvent que les étrangers qui doutent et cherchent.

Au dix-septième siècle, pour être *honnête homme* la probité ne suffisait pas; c'était même, à tout prendre, la moins nécessaire des qualités requises; on devait d'abord *être du monde*, c'est-à-dire en connaître le ton et le langage; puis avoir de l'esprit, de la grâce, de la tournure; enfin répondre à un idéal que bien des contemporains se sont efforcés de définir, mais dont ils n'ont jamais pu indiquer que les traits principaux.

Les *gens de lettres* formaient une classe toute nouvelle, qui n'était généralement désignée sous ce nom que depuis peu de temps, bien qu'il paraisse déjà dans les *Commentaires* de Blaise de Montluc; les jeunes gens qui fréquentaient les cours des écoles ne s'intitulaient pas *étudiants*, et souffraient qu'on les appelât *écoliers*; le mot *artisan* était appliqué par la Fontaine aux peintres, par Boileau aux sculpteurs et par Corneille aux poëtes; et le terme d'*ouvrier* se disait alors fort bien d'une personne habile dans une profession difficile, et à laquelle on accorderait aujourd'hui sans conteste le titre d'*artiste*. Les marchands parlaient de leur *chalandise*, et le désir d'employer des expressions plus relevées ne leur avait pas encore suggéré la malheureuse pensée de se servir des mots de *clientèle* et de *clients*, et de se faire ainsi les patrons de leurs acheteurs.

Quelques termes d'ajustements qu'on trouve dans Corneille pourraient embarrasser un instant : le *tababord* était une sorte de chapeau employé sur mer et en voyage; la *petite-oie*, une garniture d'habit; le *galant*, un nœud de ruban; du reste il suffit de lire la dernière scène des *Mots à la mode* de Boursault, pour se convaincre que certaines parties du costume des femmes portaient parfois des noms encore beaucoup plus singuliers.

Ce n'est pas seulement sur les dénominations de ce genre que la mode exerçait son empire; elle changeait tout à coup la signification d'un terme étranger à son domaine et datant des origines mêmes de la langue. Jadis le mot *viande* s'appliquait à toute espèce d'aliments; mais à la fin du seizième siècle, la cour, comme nous l'apprend Nicot, introduisit la coutume d'en limiter la signification et de la restreindre à la nourriture animale, désignée jusqu'alors par le mot *chair;* Corneille et nos autres grands écrivains tentèrent vainement de lui maintenir un sens plus large : le caprice l'emporta sur la raison.

Si l'examen des œuvres de Corneille facilite singulièrement l'étude de la formation du style noble et la connaissance des acceptions particulières de certains mots pendant le cours du dix-septième siècle, il nous découvre aussi des sources d'une importance exceptionnelle pour l'histoire chronologique de l'établissement de nos règles grammaticales.

Depuis 1629, date fort probable de *Mélite*, jusqu'à 1674, époque de la première représentation de *Suréna*, de profonds changements eurent lieu dans la langue, et l'histoire de la carrière dramatique de notre poëte coïncide admirablement avec celle de la constitution définitive du français moderne; l'étude du sens des mots et de la nature des règles qui doivent les régir occupait les savants, défrayait les conversations des ruelles, et se faisait place jusque dans les lettres galantes entre une déclaration et un madrigal. Au milieu de tant de doutes, de questions, de remarques, de décisions, d'arrêts, la langue marchait si vite que les travaux d'érudition ne pouvaient la suivre. L'Académie fut obligée de modifier entièrement les premières lettres de son dictionnaire, tant l'usage avait changé pendant qu'elle le rédigeait; et Vaugelas récrivit plusieurs fois sa traduction de Quinte-Curce : nous ne la possédons, par malheur, que sous sa forme définitive, et l'on ignore le sort du manuscrit original, qui nous ferait connaître les scrupules et les préférences du savant grammairien.

Pressés de profiter de l'à-propos et des circonstances, les poëtes dramatiques ne purent ainsi revoir leurs écrits à loisir avant la publication; mais ceux qui, comme Corneille, parcourent glorieusement une longue carrière, ont tout le temps de revenir sur leurs ouvrages de jeunesse et d'en faire disparaître les expressions hors d'usage. Il ne manqua point d'en agir ainsi; chaque édition nouvelle était pour lui une occasion de corrections et de retouches. Mais celle de 1660 est surtout remarquable sous ce rapport; c'est là qu'il arrête à peu près définitivement son texte, et que, désormais fixé sur les règles de la poétique, il nous donne pour la première fois les admirables Examens où il critique ses propres œuvres avec tant de franchise, et les Discours où il discute si clairement les principes mêmes de l'art. Dans celui qui est consacré aux trois unités, il dit, en parlant de la nécessité de la liaison des scènes : « Ce qui n'étoit point une Régle autrefois l'est devenu maintenant par l'assiduité de la

Pratique. » Cette remarque s'appliquerait fort bien aux préceptes de la grammaire : la plupart des points en litige avaient été décidés, les genres commençaient à se fixer, les diverses parties du discours, mieux définies, ne s'employaient plus aussi facilement les unes pour les autres; la syntaxe avait des principes plus sûrs et plus uniformes.

Vaugelas rédigea le premier ces règles nouvelles, et il eut d'autant moins de peine à les faire adopter qu'elles n'étaient que les simples résultats de l'usage le plus général, habilement mis en rapport avec les lois de notre langue. Ce travail si important fut présenté au public de la façon la plus simple, la plus modeste, sans aucun appareil d'érudition, sans la moindre prétention philosophique. Cela devait plaire à Corneille, qui attacha, en effet, une grande importance à ce livre. Il ne nous le dit point, mais il est facile de voir que les *Remarques*, publiées en 1647, ont été son principal guide dans les révisions entreprises par lui depuis cette époque. Presque partout il se conforme aux arrêts de l'habile grammairien. Si cependant une expression souvent répétée se trouve, en certains endroits, engagée trop avant dans le tissu même de l'ouvrage, et ne peut être enlevée sans endommager l'ensemble ou sans entraîner de graves modifications, il la retranche partout où il peut le faire facilement, afin que, moins fréquemment employée, elle passe presque inaperçue.

Un des travers de notre temps est de faire la part trop grande à l'inspiration; nous sommes portés à nous représenter Corneille comme un génie des plus indépendants, indomptable, audacieux, inégal, s'abandonnant sans préoccupation et sans réserve à son enthousiasme poétique. Rien n'est plus éloigné de la vérité : peu confiant en lui-même, il avait un fréquent besoin d'aide et de conseil; plus d'une fois la veine stérile de Pierre réclamait une rime à la banale facilité de Thomas; souvent notre poëte, timide outre mesure et trop docile à la critique, affaiblissait un vers pour en faire disparaître une légère incorrection, et tout prouve que la puissante originalité de son style est due à la profondeur et à l'éclat de la pensée bien plus qu'à une forme particulière, qu'à une façon d'écrire réellement individuelle.

Les bizarreries grammaticales qu'on peut noter dans les ouvages de Corneille se retrouvent chez la plupart de ses contemporains. Plusieurs noms propres anciens, auxquels on conserverait aujourd'hui leur forme, sont francisés par lui; il n'hésite pas à dire *Mome*, *Pyrrhe*, *Brute*, *Crasse*, au lieu de *Momus*, *Pyrrhus*, *Brutus*, *Crassus*, et il y aurait certes là de quoi surprendre, si les *Remarques* de Vaugelas et les *Observations* de Ménage ne nous apprenaient combien on a été divisé à ce sujet, et si nous n'y rencontrions pas les noms que nous venons de rapporter [1]. Il en est de même pour les autres anomalies

1. Nos anciens tragiques terminaient par un *e* muet beaucoup de noms latins auxquels nous conservons leur forme; Garnier a dit :

> Revienne encore *Brute*, et le hardi *Scévole*,
> *Camille* et *Manle* armez pour notre Capitole
> Reviennent.
>
> (Garnier, *Cornélie*, I, 17.)

> J'ay veu, quand j'estois jeune, acharnez contre *Sylle*,
> *Maire*, *Cinne*, *Carbon*, tyranniser la ville.
>
> (*Ibid.*, II, 133.)

> Scipion est occis, et Caton, et Pétrée,
> Et *Vare*, et Jube roy de la More contrée.
>
> (*Ibid.*, III, 141.)

Corneille a agi de même, comme on va le voir par les exemples qui suivent :

Noms en us *dont la terminaison est remplacée par un* e *muet.*

BRUTE :

> Il est des assassins, mais il n'est plus de *Brute*.
>
> (*Cinna*, II, I, 83.)

COSSE :

> Les *Cosses*, les Métels, les Pauls, les Fabiens.
>
> (*Ibid.*, V, I, 111.)

CRASSE :

> Vefve du jeune *Crasse*.....
>
> (*Pompée*, III, IV, 10.)

CRISPE : Le gendre de Phocas se nomme ainsi dans *Héraclius*, mais dans l'avis au lecteur il est appelé *Crispus*.

FAUSTE : dans le *Discours sur la tragédie*.

ICILE (*Cinna*, V, I, 66).

IPHITE (*Toison d'or*, V, V, 35).

LÉPIDE (*Cinna*, III, IV, 9).

MOME (*Psyché*, 5e intermède).

MOPSE (*la Toison d'Or*, V, V, 35).

POMPONNE (*Cinna*, V, I, 66).

ROMULE :

> ... Respecte une ville à qui tu dois *Romule*.
>
> (*Horace*, I, I, 52.)

RUTILE (*Cinna*, V, I, 65).

indiquées dans notre *Lexique*. Nous avons presque toujours pu y joindre des exemples d'écrivains antérieurs ou contemporains

SEXTE (*Cinna*, IV, II, 15).

TULLE :

> Leur plus bouillante ardeur céde à l'avis de *Tulle*.
>
> (*Horace*, III, II, 59.)

Terminaison ius *remplacée par* ie.

CASSIE (*Cinna*, I, III, 25).

DÉCIE (*Polyeucte*, I, III, 50, 55, etc.).

MANLIE :

> Ainsi l'ont autrefois versé Brute et *Manlie*.
>
> (*Polyeucte*, V, IV, 19.).

Terminaison a *changée en* e *muet*.

AGRIPPE :

Jodelle a employé cette forme dans le second acte de sa *Cléopâtre*, et Corneille dans *Cinna* (II, 1, 39).

CALIGULE :

> Tibére étoit crüel, *Caligule* brutal.
>
> (*Othon*, III, V, 38.)

JUGURTHE :

> ... Un Pyrrhus, un *Jugurthe*, un Persée.
>
> (*Victoires du roy sur les États de Hollande*.)

MURÈNE :

> *Muréne* a succédé, Cépion l'a suivy.
>
> (*Cinna*, IV, III, 9.)

Terminaison anus *traduite en français par* an *et non par* en, *comme aujourd'hui*.

DIOCLÉTIAN :

> Quand *Dioclétian* fut maistre de l'Empire.
>
> (*Théodore*, I, I, 35.)

OCTAVIAN :

> Dépesche *Octavian*...
>
> (*Héraclius*, V, III, 56.)

TURPILIAN :

> Varron, *Turpilian*, Capiton et Macer.
>
> (*Othon*, I, I, 52.)

VALENTINIAN :

> Je reverray mon frére en *Valentinian*.
>
> (*Attila*, III, IV, 73.)

VIRGINIAN (*Cinna*, V, I, 65).

Terminaison ias *rendue par* ie.

TIRÉSIE :

> Vous pouvez consulter le devin *Tirésie*.
>
> (*OEdipe*, III, IV, 38.)

Parfois, au contraire, Corneille a conservé certains noms propres que nous franqui prouvent que notre poëte se conformait très-scrupuleusement à l'usage le plus général. Sans revenir ici sur les preuves déjà données, nous nous contenterons de passer très-rapidement en revue les faits qui paraissent dignes d'attention.

Corneille emploie au pluriel certains mots que les grammairiens considèrent comme inusités à ce nombre, tels qu'*aucuns*, par exemple; et il en met, au contraire, d'autres au singulier, comme *débris*, dont on n'oserait plus faire usage de la sorte.

Épigramme, *intrigue*, *épitaphe*, *voile* de vaisseau, *offre*, *équivoque*, *limites*, sont masculins dans ses œuvres; *échange* et *risque* y sont féminins; *idole* et *rencontre* y prennent les deux genres.

Il place l'adjectif avant le substantif dans bien des cas où on le mettrait aujourd'hui le second; cela arrive même souvent à l'égard des locutions dans lesquelles les règles postérieures des grammairiens ont fait dépendre le sens de la place de l'adjectif; ainsi, l'on trouve *la même vertu* pour la *vertu même*; *mains propres* pour *propres mains*, *causes secondes* pour *secondes causes*, etc.

Les verbes donneraient lieu à de nombreuses remarques. Souvent Corneille se sert du simple où nous mettrions le composé, et dit *croître* pour *accroître*, *porter* pour *supporter*, *alentir* pour *ralentir*, *suivre* pour *poursuivre*, *vendiquer* pour *revendiquer;* parfois, au contraire, il emploie certains réduplicatifs tirés du latin avec le sens du verbe simple, comme lorsqu'il dit dans *Mélite* (I, I, 104):

> ... C'est en vain qu'on recule,
> C'est en vain qu'on *refuit*.

ou qu'il emploie *rechanter* dans le sens de chanter, célébrer.

cisons toujours. Au lieu d'écrire *Caron* il met *Charon* (*Mélite*, IV, VI), orthographe plus rapprochée de la forme latine et surtout de l'origine grecque.

Notons en terminant quelques substantifs communs empruntés à des noms propres et destinés à désigner un parti littéraire; tels sont les mots *Uranin* et *Jobelin :*

> Nos *Uranins* ligués contre nos *Jobelins*
> Portent bien au combat une autre véhémence.
> (*Sonnet sur la contestation entre le sonnet d'Uranie et celui de Job.*)

Tel est encore le nom de *Gersoniste* (*Lettre II sur l'Imitation*) donné aux personnes qui considèrent Gerson comme l'auteur de l'Imitation de Jésus-Christ; mais il importe de remarquer que Corneille n'a pas inventé ces diverses dénominations et qu'il n'a fait en les employant que suivre l'usage général.

Beaucoup de verbes, aujourd'hui nécessairement neutres, étaient alors employés activement; ainsi l'on trouve *attenter*, *contribuer quelque chose*, *crier*, *moquer une personne*, *passer quelqu'un pour tyran*.

Le parfait défini s'employait souvent à la place du parfait indéfini[1], et l'on se servait du subjonctif dans une foule de cas où il ne serait plus en usage, uniquement parce que la phrase renfermait une idée de conditionnel[2], ou même en vertu d'une règle qui n'a peut-être été écrite que dans ces derniers temps, mais qui n'en a pas moins été observée avec beaucoup d'exactitude, et qui veut que si un *que* se trouve entre deux verbes le second soit mis au subjonctif[3].

1. Voyez dans les *Thèses de grammaire par B. Jullien*, le chapitre *du prétérit en français*, où plusieurs exemples tirés des pièces de Corneille sont éclaircis et justifiés.

2. *Subjonctif dans le sens du conditionnel.*

> . . . S'il fust jor, *ge me levasse.*
> (*Roman de la rose*, 2512.)

> Qui me payast, *je m'en allasse.*
> (*Patelin*, 603.)

> C'est l'espoir qui nourrist mes jours infortunez,
> Sans cela dès longtemps *ils fussènt* terminez.
> (Garnier, *Cornélie*, III, 276.)

> . . . Je crains qu'un amy en *perdist* le repos.
> (Corneille, *la Galerie du Palais*, III, 1, 68.)

> Mais, encor une fois, souffrez que je vous die
> Que cette passion *dust* estre refroidie.
> (*Cinna*, I, II, 9; 1643-1648.)

Plus tard :

> Qu'une si juste ardeur devroit estre attiédie.

> D'un cœur comme le mien qu'est-ce qu'elle *n'obtienne?*
> (*Polyeucte*, II, II, 92; 1643-1648.)

Je ne vois point pourquoy cela ne *puisse* arriver qu'à un Prince. (*Dédicace de Don Sanche.*)

3. Que *entre deux verbes, exigeant que le second soit mis au subjonctif.*

Cette règle a été formulée par M. Génin à l'occasion du passage suivant de la *Farce de Patelin* (896) :

> Suis-je des foireux de Bayeux?
> Jehan de Quemin sera joyeux,
> Mais qu'il sache *que* je le sée.

Elle explique les exemples de Corneille que nous allons rapporter :

Le participe présent n'était pas restreint à son usage actuel; parfois il jouait le rôle du gérondif latin [1]; souvent c'était un véritable adjectif verbal susceptible de genre et de nombre [2].

Le participe passé restait invariable dans des circonstances où il prendrait nécessairement aujourd'hui le genre et le nombre de son régime direct; il entrait aussi dans des phrases très-usitées à cette époque, mais dont la construction ne serait plus admise aujourd'hui [3].

Je vois avec chagrin *que l'amour me contraigne*
A pousser des soûpirs pour ce que je dédaigne.
(*Le Cid*, I, II, 59.)

La plus belle des deux, *je croy que ce soit* l'autre.
(*Le Menteur*, I, IV, 11.)

J'*aurois creû qu'*Aristie icy réfugiée,
Que forcé par ce maistre il a répudiée,
Par un reste d'amour *l'attirast* en ces lieux.
(*Sertorius*, I, II, 33.)

Je *croyois qu'elle peust* se rompre pour un Roy.
(*Suréna*, III, III, 18.)

1. *Participe présent employé comme le gérondif latin.*

Gaignez une Maîtresse, *accusant* un rival.
(*Cinna*, III, I, 24.)

. . . Toujours ma vertu retrace dans mon cœur
Ce qu'il doit au vaincu, *bruslant* pour le vainqueur.
(*Pompée*, II, I, 3.)

2. *Participe présent employé adjectivement.*

Las ! mais ne voy-je pas s'acheminer vers moy
La fille de Caton *regorgeante* d'esmoy?
(Garnier, *Porcie*, II, 266.)

Ces ennemis publics dont vous l'avez vengée,
Après vostre trépas à l'envy *renaissans*,
Pilleroient sans frayeur les Peuples impuissans.
(Corneille, *OEdipe*, I, I, 58.)

3. Nos vieux poëtes plaçaient souvent le régime entre l'auxiliaire *avoir* et le participe, et dans ce cas il y avait nécessairement accord; Garnier a dit :

César des vieux guerriers *a la louange estainte*.
(*Cornélie*, IV, 270.)

Toy qui dessous ton joug *as l'Afrique rangée*.
(*Porcie*, II, 222.)

Les prépositions et les adverbes n'étaient pas encore complétement séparés dans l'usage, et *sur*, *dessus*, *sous*, *dessous*, *dans*,

Ils ont jà tant de fois *nostre attente trompée.*
(*Ibid.*, 333.)

Corneille a soigneusement conservé cette tournure si vive; elle revient à chaque instant dans ses œuvres.

Va-t'en chercher Philandre, et dy-luy que Mélite
A dedans ce billet *sa passion décrite.*
(*Mélite*, II, v, 1.)

J'avois de point en point *l'entreprise tramée.*
(*Clitandre*, II, 1, 33.)

J'ay leur crédulité sous ces habits *trompée.*
(*Clitandre*, II, II, 23.)

. . . L'heureux malheur qui vous a menacez
Avec tant de justesse *a ses temps compassez.*
(*Ibid.*, III, 1, 7.)

Le ciel, qui nous choisit luy-mesme des partis,
A tes feux et les miens prudemment *assortis.*
(*La Vefve*, I, 1, 70.)

Oui, sans doute, Clarice *a son ame blessée.*
(*Ibid.*, IV, v, 10.)

Cette heureuse nouvelle *a mon ame ravie.*
(*Ibid.*, IV, VI, 29.)

Mon pére est mort, Elvire, et la premiére épée
Dont s'est armé Rodrigue *a sa trame coupée.*
(*Le Cid*, III, III, 5.)

Aucun étonnement *n'a leur gloire flestrie.*
(*Horace*, III, v, 37.)

Quelle horreur, d'embrasser un homme dont l'épée
De toute ma famille *a la trame coupée.*
(*Ibid.*, V, III, 21.)

Le seul amour de Rome *a sa main animée.*
(*Horace*, V, III, 61.)

Mais vous ne sçavez pas, Seigneur, que son épée
De l'horrible Méduse *a la teste coupée.*
(*Andromède*, IV, IV, 20.)

. . . Déja la noire Alecton,
Du fond des Enfers déchaisnée,
A, par les ordres de Pluton,
De mille cœurs pour toy *la fureur mutinée.*
(*Ibid.*, IV, v, 5.)

Qui vous *a* contre moy *sa fourbe découverte.*
(*Nicomède*, IV, II, 86.)

dedans, étaient pris très-souvent les uns pour les autres; de plus les prépositions s'employaient chacune dans une foule d'acceptions différentes; elles n'avaient pas encore été ramenées à la rigueur absolue d'un sens unique, et leur incroyable flexibilité créait une foule de tours nouveaux et facilitait singulièrement la tâche si difficile du poëte; il suffit pour s'en convaincre de parcourir dans notre lexique les articles *à* et *de*.

Mais c'est dans la syntaxe surtout que régnait alors la plus heureuse liberté; l'accord se faisait bien plus avec l'idée qu'avec les mots, et les constructions les plus vives, les tournures les plus elliptiques passaient pour les meilleures, pourvu qu'elles fussent toujours parfaitement intelligibles.

Les questions relatives à la prononciation et à l'orthographe doivent être abordées ici avec quelques détails; il ne suffit pas en effet de les examiner à l'occasion de chaque mot en particulier, et elles s'éclairent singulièrement par le rapprochement des faits de même nature.

Corneille écrit *aversaire* pour *adversaire; avenir* pour *advenir*; *abjet* pour *abject;* on doit voir là une transcription fidèle de la prononciation du temps, l'usage était très-variable dans les cas de ce genre, et il était impossible de conclure d'un mot à l'autre; ainsi nous apprenons du Père Chiflet[1] qu'on disait *ajuger* et *adjudication*.

Notre poëte emploie *garanne* et non *garenne;* nous ne devons pas en être surpris, l'*e* et l'*a* se confondaient alors très-souvent, et le grammairien que nous venons de citer nous apprend qu'en 1668 *arrhes*, *catarrhes*, se prononçaient *erres*, *caterres*, et que la cour disait encore *sarge* au lieu de *serge*. On trouve dans les œuvres de notre auteur *crotesque* au lieu de *grotesque;* car il

Dans le passage qui suit et qui, sous le rapport de la construction, est tout à fait analogue aux précédents, Corneille a laissé le participe invariable :

Pour eux seuls ma justice *a tant de cœurs gagné.*

(*Pertharite*, II, v, 88.)

Il a pris une liberté du même genre dans ces vers de *Cinna* (I, III, 33) :

Là, par un long récit de toutes *les misères*
Que, durant nostre enfance *ont enduré* nos péres.

Et il a été approuvé par Voltaire, qui dit à cette occasion : « S'il n'est pas permis à un poëte de se servir dans ce cas du participe absolu, il faut renoncer à faire des vers. »

1. *Essay d'une parfaite grammaire*, 1668, page 242.

y avait d'aussi fréquentes permutations entre le *c* et le *g* qu'entre l'*e* et l'*a*. Ménage veut qu'on écrive *segond*, *segret*, *segretaire* et *ganif;* Chiflet prétend qu'on prononçait *vacabond*, et, encore maintenant, nous disons *cangrène*, tout en écrivant *gangrène*, comme le veut l'étymologie.

Nous voyons dans le *Compendium grammaticæ gallicæ* de Duez, publié en 1647 [2], que *meur* se prononçait comme *peur*, tandis qu'on agissait à l'égard de *jeune*, *heurt*, *heurter* et *seur*, comme si ces mots étaient écrits simplement par un *u*; dans Corneille *meur* rime avec *humeur;* quant à *seur* il faut distinguer: dans les premières pièces il rime avec *sœur* et *possesseur;* mais dans les suivantes *sure* rime avec *mesure* et *murmure*. Dans la grammaire que nous venons de citer, on trouve la liste suivante des mots où *oi* se prononce *è* : *courtois*, *courtoisie*, *endroit*, *estroit*, *adroit*, *froid*, *croire*. Dix-sept ans plus tard Raillet, dans son *Triomphe de la langue françoise*, en donne une autre composée à peu près de même, mais contenant en plus : *croître*, *endroit*, *ètroit*, *connoître*, *paroître*. Dans Corneille nous ne trouvons cette prononciation indiquée par les rimes que pour *maladroit*, *croître* et *paroître;* quant à je *connoi* il rime plusieurs fois avec des mots en *oi*. Ces différentes prononciations ont laissé du reste des traces durables dans la langue, et il est certain, par exemple, que *froid* et *frais*, *froideur* et *froidure*, *croyance* et *créance*, *harnois et harnais*, qui diffèrent maintenant par la signification, ne sont pas des formes diverses, mais seulement des façons variées de prononcer un même mot.

Quant aux imparfaits des verbes, Corneille les a fait souvent rimer avec des mots en *oi*, quoique de son temps déjà on les prononçât assez généralement comme aujourd'hui. Nous lisons dans un *Discours nouveau sur la mode*, publié en 1613 :

> Il faut, quiconque veut estre mignon de court,
> Gouverner son langage à la mode qui court.
> Qui ne prononce pas *il diset*, *chouse*, vendre,
> *Parest*, contantemens, fût-il un Alexandre,
> S'il hante quelquefois avec un courtisan,
> Sans doute qu'on dira que c'est un païsan,
> Et qui veut se servir du françois ordinaire,
> Quand il voudra parler sera contraint se taire.

2. Page 9.

Le témoignage suivant de Chiflet, en 1668, explique et complète le passage que nous venons de rapporter : « Les estrangers ont tort de dire que cette prononciation est une nouveauté, car il y a plus de quarante ans que je l'ay veuë dans le commun usage. Il est vray qu'on luy a long-temps resisté, comme à une mollesse affectée de langage effeminé; mais enfin elle a gagné le dessus [1]. » Le même auteur reconnaît du reste, dans un autre endroit de son livre, que les deux prononciations avaient cours de son temps : « Il est plus doux et plus commun entre les biendisans de prononcer *je parlais;* toutefois ce n'est pas une faute de dire *je parlois*, puis qu'à Paris, dans le barreau et dans les chaires de Prédicateurs, il y a beaucoup de langues eloquentes qui ne refuyent pas cette prononciation [2]. »

Il ne nous reste à parler que des infinitifs de la première conjugaison, tels que *charmer*, *dissimuler*, *donner*, que Corneille fait rimer avec *air*, *clair*, *amer* et autres mots du même genre. C'est là ce que Ménage, qui relève des exemples analogues dans les poésies de Malherbe, appelle des rimes normandes; elles n'étaient nullement motivées par la prononciation du temps; car si dans certains mots tels qu'*altier*, *entier*, *familier*, *régulier*, *séculier*, *e*, comme nous l'apprend Chiflet [3], avait un son ouvert, il faut remarquer qu'on ne prononçait l'*r* final devant une consonne ou à la fin d'une phrase, ni dans les infinitifs en *er*, ni même dans ceux en *ir* [4]; bien plus on ne faisait pas sentir cette lettre à la fin d'un certain nombre de mots en *ir* et en *oir*, tels que *plaisir*, *loisir*, *miroir*, *mouchoir*, etc. [5].

Pour l'orthographe Corneille a suivi dans l'édition de 1682 un système particulier, qui constitue un compromis très-sage et très-prudent entre les méthodes en usage à cette époque, et dont il fait connaître les principes essentiels dans sa préface. Il introduit dans les habitudes typographiques trois modifications importantes : d'abord il établit entre la petite *s* et la grande une différence qu'il expose en ces termes : « Je n'ay pû souffrir que ces trois mots *reste*, *tempeste*, *vous estes*, fussent escrits l'un

1. Page 215.
2. Page 191.
3. Page 201.
4. Chiflet, pages 224, 225.
5. Ducz, page 22.

comme l'autre, ayant des prononciations si differentes. J'ay reservé la petite *s* pour celle où la syllabe est aspirée, la grande pour celle où elle est simplement allongée, et l'ay supprimée entierement au troisiéme mot, où elle ne fait point de son, la marquant seulement par un accent sur la lettre qui précede. » La suppression de l'*s* dans les mots où elle ne se prononce pas a rendu inutile cette réforme ingénieuse; mais l'emploi de l'*è* grave dans les mots *excès*, *succès*, *procès*, qui, comme nous l'apprend Corneille, avaient été jusqu'à lui écrits « avec l'*é* aigu, comme les terminaisons Latines quoy que le son en soit fort différent » est encore aujourd'hui en usage, et l'emploi de l'*é* aigu dans le corps même des mots, comme dans *sévérité*, est une excellente innovation qu'on lui doit; auparavant on ne s'en servait que pour les finales ou dans le cas de la suppression d'une *s*.

M. Taschereau a indiqué, dans sa préface des œuvres de notre poëte, quelques autres habitudes orthographiques fort constantes que Corneille n'a pas érigées en règles, mais dont il ne s'est jamais départi. Il supprime dans une foule de cas les doubles consonnes; il écrit toujours *maistre* et *maîtresse;* enfin, à la seconde personne de l'impératif et à la première du présent de l'indicatif, il écrit *voy*, *pren*, devant une consonne, et *vois*, *prens*, devant une voyelle. Cette dernière observation est fort importante, elle prouve combien on s'est mépris quand on a regardé la suppression de l'*s* en pareil cas comme une licence destinée à faciliter la rime; c'était un usage général observé non-seulement par Corneille, mais par la plupart de nos classiques.

En présence d'un système orthographique aussi suivi, aussi particulier, nous avons cru devoir écrire partout les exemples et les passages allégués comme ils l'ont été par l'auteur même, bien que dans notre opinion les bases de cette méthode appartiennent plutôt à Thomas qu'à Pierre, qui, du reste, l'a en tout cas franchement adoptée et défendue avec ardeur.

Ce qui nous semble plus particulier à notre poëte, c'est le soin qu'il a pris de perfectionner la versification, soit en observant d'une manière plus constante les règles qui jusqu'à lui n'avaient été que facultatives, soit en revenant, pour le nombre des syllabes de certains mots, aux habitudes suivies par nos anciens auteurs.

Ménage, qui cite volontiers avec une orgueilleuse confiance son idylle de l'*Oiseleur* à côté du *Cid* et de *Cinna*, remarque, par exemple, dans ses Observations sur Malherbe, que Corneille a osé le premier faire *meurtrier* de trois syllabes.

Jamais un *meurtrier* en fit-il son refuge?
Jamais un *meurtrier* s'offrit-il à son juge?
(*Le Cid.*)

et il ajoute : « Je suis un des premiers qui ay imité en cela Mr Corneille, aïant remarqué que les Dames et les Cavaliers s'arrestoient, comme à un mauvais pas, à ces mots de *meurtrier*, *sanglier*, *bouclier*, *peuplier*, lorsqu'ils étoient de deux syllabes, et qu'ils avoient peine à les prononcer. Mr de Segrais, qui a l'oreille fort délicate, et qui n'est pas moins bon Juge de la Poësie que bon Poëte, se joignit aussi-tost à *nostre* parti. »

Le désir naïf d'une assimilation impossible se montre bien clairement ici, et Ménage tenait si fort à cette remarque que, tout en reconnaissant, dans la deuxième édition de ses *Observations sur la langue françoise* que Corneille n'a fait en cela que revenir à un usage ancien dont on trouve des exemples dans Jodelle et dans Régnier, il laisse subsister néanmoins son texte primitif sans aucune modification.

Parmi les citations de Corneille, accumulées par Ménage dans le livre dont nous venons de parler, il en est deux qui méritent une attention toute particulière. A l'occasion de la locution *où que*, Ménage rapporte ce vers de notre poëte, dans sa *Thébaïde*, page 68 :

*Où qu'*il jette la vue, il voit briller des armes,

et plus loin parmi les auteurs qui ont employé *sphinx* au masculin il mentionne « M. Corneille dans sa *Thébaïde*, livre II, page 65. »

Dont autrefois le *Sphinx*, ce monstrueux oiseau,
Avoit pour son repaire envahi le coupeau.

Ces trois vers sont tout ce qui nous reste d'un ouvrage aujourd'hui perdu, d'une traduction en vers français de la *Thébaïde* de Stace, dont fait mention le privilége de *Tite et Bérénice* accordé à Corneille le 31 décembre 1670.

Il est étrange de se voir ainsi contraint de recueillir chez un grammairien de minces fragments d'un ouvrage imprimé de Corneille, tout comme s'il s'agissait d'un poëme appartenant à la plus haute antiquité. Ce livre, qu'on doit encore conserver l'espoir de retrouver quelque jour, n'ajoutera rien à coup sûr à la gloire de notre auteur ; mais il contribuera peut-être à accroître encore l'opinion que nous devons nous faire de la flexibilité trop peu appréciée de ce merveilleux génie.

C'est le même genre d'utilité qu'a eu le charmant petit poëme tout récemment découvert et publié, du *Presbytère d'Hénouville*. Avant qu'il eût paru on ne connaissait guère d'autre passage de Corneille témoignant d'un vif sentiment de la nature champêtre que ces quatre vers de la première édition de *Clitandre* (II, VI, 13) :

> Ne craignés point, au reste, un pauvre villageois
> Qui seul, et desarmé, cherche dedans ce bois
> Un bœuf, piqué du taon, qui brisant nos closages
> Hier, sur le chaud du jour, s'enfuit des pasturages.

La pièce nouvellement publiée confirme ce que ceci faisait seulement pressentir, et nous montre Corneille épris de ses paysages normands et surtout des riants aspects des rivages de la basse Seine, mais unissant d'ailleurs à cette admiration toute spéculative et toute poétique une estime de campagnard connaisseur pour les poissons de l'étang, les lapins de la garenne et les faisans de la basse-cour.

M. Lefèvre, en publiant ce poëme, a négligé les détails qui auraient complété sur un nouveau point l'histoire de la vie de Corneille et des personnes avec lesquelles il s'est trouvé en rapport. Ces recherches, qui conduiraient assez loin, seraient ici fort déplacées; mais nous n'avons pu nous soustraire au désir de donner du moins quelques renseignements tout à fait indispensables à l'intelligence de ce curieux morceau [1].

Le *Timandre* dont parle Corneille n'est autre qu'un certain abbé Le Gendre, curé de l'église Saint-Michel d'Hénouville, fort grand amateur d'horticulture, et revêtu du titre officiel de contrôleur des jardins fruitiers de Sa Majesté; en 1657 il se fit adjuger vingt-sept arpents de bois sur la lisière de la forêt de Roumare pour y faire l'essai de la culture de la vigne, et l'on trouve encore aujourd'hui, au milieu du fourré, quelques ceps

1. Nous les devons à l'inépuisable obligeance de notre confrère, M. Charles de Beaurepaire, archiviste de la Seine-Inférieure.

qui font connaître l'emplacement de ses anciennes possessions. Quant à sa demeure, elle a bien perdu de son éclat, sans pouvoir perdre de son agrément, et le jardin, cultivé jadis avec tant de sollicitude, n'est plus qu'une de ces vastes cours champêtres toutes plantées de pommiers, dont les branches viennent pendre jusque sur l'herbe. Ce qui n'a point changé, ou bien peu, c'est l'admirable vue dont il jouit :

La Seine, en divers lieux, bat le pied des rochers ;
L'œil, en se promenant, découvre huit clochers
Dont les noms, par hazard terminez tous en *ville*,
Semblent servir de rime à celuy d'*Hénouville*.

Parmi eux on remarque tout d'abord celui de l'abbaye de Saint-Georges de Bocherville, à qui appartenait le patronage de l'église Saint-Michel.

M. Lefèvre, qui a recueilli avec tant de soin jusqu'aux moindres fragments de Corneille, a pourtant oublié deux opuscules, peu importants, il est vrai, mais curieux pour l'histoire de la représentation des pièces de notre poëte : les *desseins* d'*Andromède* et de la Toison d'or. Ils ont échappé du reste aux plus exacts historiens et aux plus consciencieux éditeurs, et tout récemment encore à M. Édouard Frère, dans son excellent *Manuel du bibliographe normand.*

Le second de ces ouvrages de Corneille devrait cependant être connu depuis fort longtemps, car il figure parmi les opéras, sous le n° 5969 A, dans le *Catalogue des livres imprimés de la Bibliothèque du Roy*, publié en 1750 ; quant au premier, il est entré dans le même établissement à une époque postérieure, mais à coup sûr encore fort ancienne, et porte le n° 5564 B. Ces *desseins* sont des livrets faits par l'auteur pour l'intelligence de son ouvrage ; on les vendait sans doute au théâtre, et même, lorsque la représentation avait lieu à la cour ou chez quelque riche particulier, on les donnait aux personnages de distinction. La première entrée du divertissement qui suit le *Bourgeois gentilhomme* nous fait assister à une distribution de ce genre ; un des personnages s'écrie :

De tout ceci, franc et net,
Je suis mal satisfait,

Et cela sans doute est laid,
Que notre fille,
Si bien faite et si gentille,
De tant d'amoureux l'objet,
N'ait pas à son souhait
Un livre de ballet
Pour lire le sujet.

Quand le livret était ainsi destiné à expliquer un ballet, il formait à lui seul toute la publication; mais, lorsqu'il s'appliquait à un opéra, il paraissait d'ordinaire avant l'ouvrage; voici, du reste, les détails que Corneille nous donne à ce sujet à la fin du *dessein d'Andromède* : « J'ay dressé ce discours seulement en attendant l'impression de la piece entiere, pour seruir à soulager la pluspart de mes spectateurs, qui, pour mieux satisfaire la veuë par les graces de la perspective, se placent dans les loges les plus esloignées où beaucoup de vers échappans à leurs oreilles ne leur laissent pas bien comprendre la suite de mon dessein. J'y ay meslé les paroles qui se chantent en musique, et qu'il est impossible d'entendre quand plusieurs voix ensemble les prononcent. »

En rapprochant les morceaux dont parle ici Corneille du texte des pièces entières, on rencontre quelques variantes, parfois même des passages retranchés plus tard; on en trouve un assez important dans le prologue de *la Toison d'or*.

Nous ne poursuivrons pas plus loin cette étude, car, pour la développer et l'étendre, il aurait fallu ou empiéter sur le lexique dont elle doit être seulement l'introduction et l'analyse, ou aborder de nouveau l'appréciation générale des œuvres de Corneille, sur lesquelles on a depuis longtemps tout dit, et si bien. D'ailleurs, à voir tant d'hommes éminents soutenir avec un mérite à peu près égal, à l'occasion du même écrivain, des opinions si opposées, et vanter surtout les passages critiqués le plus vivement par leurs prédécesseurs, on se sent pris d'un tel scepticisme littéraire et d'un si grand découragement qu'on se borne volontiers aux humbles recherches de la linguistique, et que, même sur ce terrain, on s'écarte le moins qu'on peut des documents et des faits.

En commençant notre lexique nous voulions entreprendre de tout expliquer, répondre à toutes les objections, relever toutes les méprises des commentateurs; mais nous nous sommes peu à peu convaincu que notre tâche était plus facile, et que la réunion de divers exemples groupés sous un même mot répondait assez d'ordinaire aux attaques injustes, et tenait parfois lieu de toute autre explication. Nous conservions encore cependant quelques scrupules au sujet de cette méthode; la préface du *Dictionnaire historique de la langue française* les a fait disparaître.

Grâce à ce procédé, le plus simple et le plus scientifique en même temps, les tournures reprochées à nos auteurs classiques, et considérés à tort comme des exceptions et des licences, témoignent, par leur nombre même, d'un usage fréquemment répété, dont il est facile de déduire des règles très-différentes des nôtres, mais souvent plus logiques et toujours appliquées d'une façon aussi sûre et aussi constante.

Après quelques études de ce genre faites sur nos principaux écrivains, on possédera les matériaux nécessaires pour entreprendre une véritable grammaire française historique, remontant aux origines mêmes de la langue, indiquant les diverses habitudes suivies par ceux qui l'ont successivement parlée, signalant l'époque où elles se formulent en préceptes, le court instant où les grammairiens et les auteurs paraissent d'accord, et les circonstances qui rompent cette passagère harmonie: œuvre immense par les travaux qu'elle demanderait, mais aussi par ses conséquences; où les principes de la grammaire générale, présentés au début, répandraient sur tout le livre une heureuse clarté, sans être nulle part opposés comme un obstacle aux vives allures et aux libertés de notre idiome; où les opinions les plus diverses, les plus contradictoires, les archaïsmes du peuple et les scrupules des délicats, trouveraient leur éclaircissement et leur conciliation, à l'aide d'études chronologiques donnant tort à tous en général, et raison à chacun à un certain moment et à une date déterminée; dans laquelle aussi, comme conclusion et comme résultat définitif, on chercherait à établir les règles du langage moderne, strictes et rigoureuses pour les matières administratives et judiciaires, plus flexibles pour la conversation et la correspondance, plus larges encore pour l'écrivain et le poëte, qu'elles doivent guider sans jamais l'assujettir.

www.ingramcontent.com/pod-product-compliance
Ingram Content Group UK Ltd.
Pitfield, Milton Keynes, MK11 3LW, UK
UKHW021000220726
13924UKWH00002B/815